A K

赤れんが
卒業設計展 2022

赤れんが卒業設計展実行委員会 編

A

R E

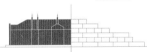

N

G A

2022

JN027695

総合資格学院

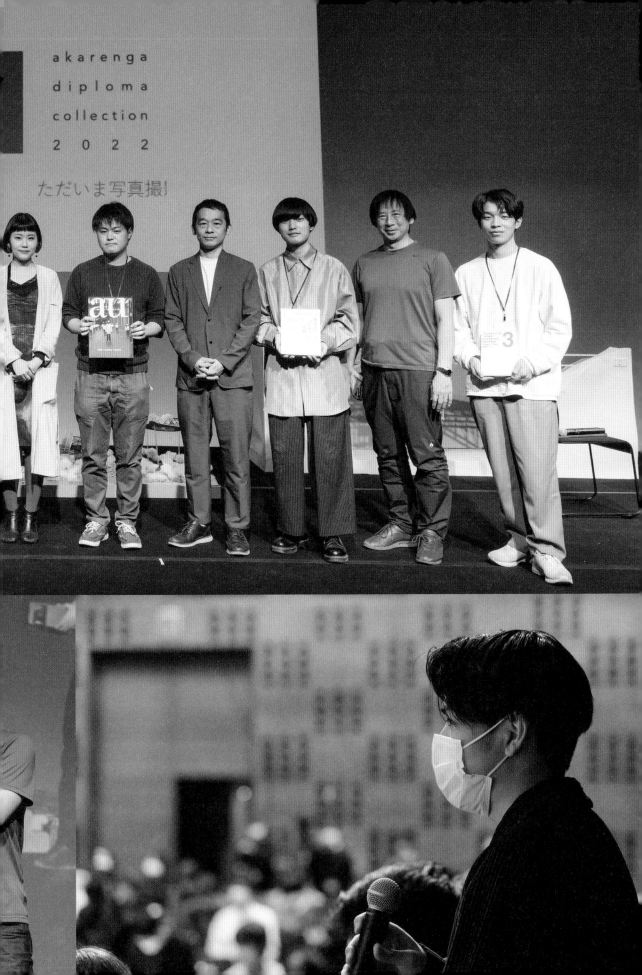

実行委員会代表あいさつ

　この度は、「赤れんが卒業設計展2022」の作品集を手に取っていただき、誠にありがとうございます。本書より、各々の建築に対する想いや社会に対する提案を感じていただけると幸いです。

　さて、建築学生による登竜門として「赤れんが卒業設計展」は今年度で19回目を迎えることができました。今年度も、建築業界の最前線で活躍されている建築家の方々と建築学生によってさまざまなドラマが生み出されました。出展者、一般の方の各々が建築と真剣に向き合い建築とは何かを考えさせられたと思います。そんな建築を学ぶ上での大きな節目に私たち実行委員会が関与できたことを誇りに思います。

　「赤れんが卒業設計展」は2019年度からたくさんの建築学生によって、より意義あるものとするための改革が始まりました。実行委員として参加した大学のみが出展できるシステムから関東地域での公募制へ、そして全国公募制へと規模を拡大してきました。今年度は3年ぶりに横浜赤レンガ倉庫での開催に戻り、一次審査出展数が当設計展史上最多の550作品と、全国各地から素晴らしい作品が集まりました。次年度も今年度より一層良い設計展にできればと願っております。これからも当設計展の成長を見守っていただければ幸いです。

　本開催につきましては、私たちの力だけでは到底実現できませんでした。ご協賛という形でご支援いただきました、企業のみなさま。特別協賛として私たち実行委員会に親身に寄り添い、常にお力添えを賜るとともに、本作品集の出版を無償で引き受けていただいた総合資格学院さま。会場協賛としてご協力くださった、公益財団法人 横浜市芸術文化振興財団さま。そして、お忙しい中、審査にお越しくださいました手塚貴晴先生、大野博史先生、クマタイチ先生、津川恵理先生、中川エリカ先生、南後由和先生、原田真宏先生、藤村龍至先生など多くの関係者の方のお力をお借りして、開催することができました。この場を借りて厚く御礼申し上げます。

　また、今年度の最終講評の開始時間が白熱した議論の影響で大幅に遅れました。それにも関わらず実行委員会から適切なお知らせができず、混乱させてしまいました。会場及びオンラインでご覧になられていた方々に、この場をお借りしてお詫び申し上げます。

　本書掲載作品は、一次審査を通過した作品や二次審査を勝ち抜いた作品であり、我々建築学生からの次の時代への提言です。各々の作品の提案と我々の想いを感じていただければ幸いです。

赤れんが卒業設計展2022実行委員会代表
東京都市大学 中島弘樹

協賛および作品集発行にあたって

　建築士をはじめとする、有資格者の育成を通して、建築・建設業界に貢献する——、それを企業理念として、私たち総合資格学院は創業しました。それ以来、約43年間、建築関係を中心とした資格スクールとして、安心・安全な社会づくりに寄与していくことを会社の使命とし、事業を展開してきました。その一環として、建築に関係する仕事を目指している学生の方々が、夢をあきらめることなく、建築の世界に進むことができるよう、さまざまな支援を全国で行っております。卒業設計展への協賛やその作品集の発行、就職セミナーなどは代表的な例です。

　当社は、特別協賛企業として2011年より「赤れんが卒業設計展」を資金・運営の両面において支援してきましたが、本年度も新型コロナウイルス感染拡大により、出展者はオンラインもしくは会場参加にて開催されました。本書では、当日の審査模様を収録していますが、出展作品も最優秀賞・優秀賞を各6ページ、佳作・10選を各4ページ、一次審査を通過した101選を各1ページで掲載し、資料としても非常に価値のある有益な内容となっています。また、本年も特別企画として、審査員として登壇いただいた先生方に未来の建築家である学生たちへのアドバイスや、ご自身が学生時代に取り組んでいたことや取り組むべきことなどを、また、出展者の中から複数名の方に、卒業設計での取り組みなどに関する取材を行い、本書にまとめております。毎年進化を遂げる赤れんが卒業設計展ですが、本書を通じ、少しでも多くの方に実行委員のみなさまや出展学生の方々の活動を知ってもらい、本設計展の発展に寄与できればと思います。

　近年の建築・建設業界は人材不足が大きな問題となっていますが、さらに、人口減少の影響から、社会のあり方が大きな転換期を迎えていると実感します。特に近年は、新型コロナウイルス感染拡大により私たちの生活や社会の仕組みが変化せざるを得ない状況となりました。そのような状況下で建築業界においても、建築家をはじめとした技術者の役割が見直される時期を迎えています。本作品集が、そのような変革期にある社会において高校生をはじめとした、建築に興味を持ち始めた若い人々の道標の一つとなり、また、本設計展に出展された学生の方々や本作品集をご覧になった若い方々が、時代の変化を捉えて新しい建築の在り方を構築し、将来、国内だけに留まらず世界に羽ばたき、各国の家づくり、都市づくりに貢献されることを期待しています。

総合資格
代表取締役 岸 和子

目次

5章　101選

開催概要
2022年度テーマ「Continuation + 2022」

長引くコロナの影響で、生活意識や行動が変わってきたように思います。しかし、新しいことを考える・挑戦する人が増え、今までにない価値や活動力を見出す良い転機でもありました。この良い傾向や、拍車がかかる時代の発展速度を"continuation（継続）"すべきだと考えます。加えて、この惨禍に順応し始めた2022年度ならではの良さを"＋（累加）"して欲しいという願いを込めました。本展が、多くのご支援のもと継続できることへの感謝もお伝えできればと考えています。

主催　　　　　　　　赤れんが卒業設計展実行委員会

特別協賛　　　　　　㈱総合資格 総合資格学院

協賛　　　　　　　　㈱梓設計、関東建設工業㈱、東急建設㈱、㈱池下設計、㈱類設計室、㈱INA新建築研究所、如学会、㈱綜企画設計、㈱大建設計、㈱東畑建築事務所、戸田建設㈱、㈱日刊建設工業新聞社、㈱日建設計、ハザマ・エンジニアリング㈱、三谷産業㈱、三菱ケミカルエンジニアリング㈱、㈱安井建築設計事務所、㈱山下設計

一次審査通過作品　　愛知工業大学、愛知淑徳大学、麻生建築＆デザイン専門学校、宇都宮大学、大阪大学、
出展大学　　　　　　大阪工業大学、神奈川大学、関西大学、北九州市立大学、九州大学、京都大学、京都芸術大学、近畿大学、熊本大学、慶應義塾大学、工学院大学、神戸大学、神戸芸術工科大学、佐賀大学、滋賀県立大学、静岡理工科大学、芝浦工業大学、職業能力開発総合大学校、信州大学、千葉大学、東海大学、東京工業大学、東京工芸大学、東京電機大学、東京都市大学、東京都立大学、東京理科大学、東北工業大学、日本大学、日本工業大学、日本女子大学、広島工業大学、法政大学、北海道大学、三重大学、武蔵野大学、武蔵野美術大学、明治大学、立命館大学、早稲田大学

一次審査　　　　　　会場：　　　総合資格学院新宿校
　　　　　　　　　　　　　　　　　（東京都新宿区西新宿1-26-2 新宿野村ビル3階）
2022年3月3日（木）　応募作品：　550点
　　　　　　　　　　　選出作品：　101作品
　　　　　　　　　　　審査対象：　作品の内容をまとめたプレゼンシート（A1用紙1枚）

審査会　　　　　　　会場：　　　横浜赤レンガ倉庫1号館2階
（二次審査・公開審査）　　　　　（神奈川県横浜市中区新港1-1-1）

　　　　　　　　　　　審査対象：　プレゼンボード・模型・プレゼンテーション・質疑応答
2022年3月28日（月）

1章　10選

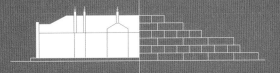

転生するシンボル
──スポリア的操作による都市文化の継承と更新

敷地：港区芝公園　用途：都市施設　面積：一　構造：東京タワー　階層：一

最優秀賞

電波塔としての役割を終え老朽化の進む東京タワーを
分割解体し、形態としての魅力に注目した上でオブジェ
クトと捉え空間に転じることを目指した。
かつて、戦車の鉄骨を用いて建設された東京タワーは
戦争という記憶を継承し、新たな形態で戦後復興を示
すシンボルとなった。そのタワーが持つ形態をさらに
転用し、新たな都市施設の一部として活用が敷地周辺
の再整備と都市の記憶を継承する術となる。

安藤 尚哉
Naoya Ando

芝浦工業大学 建築学部 建築学科
原田真宏研究室

Planning / making	2カ月／5週間
Next	芝浦工業大学大学院原田真宏研究室
Inspiration	SLOW
Favorite architecture	カレル橋
Software	Rhinoceros、AutoCAD、Illustrator、Photoshop

転生するシンボル
- スポリア的操作による都市文化の継承と更新 -

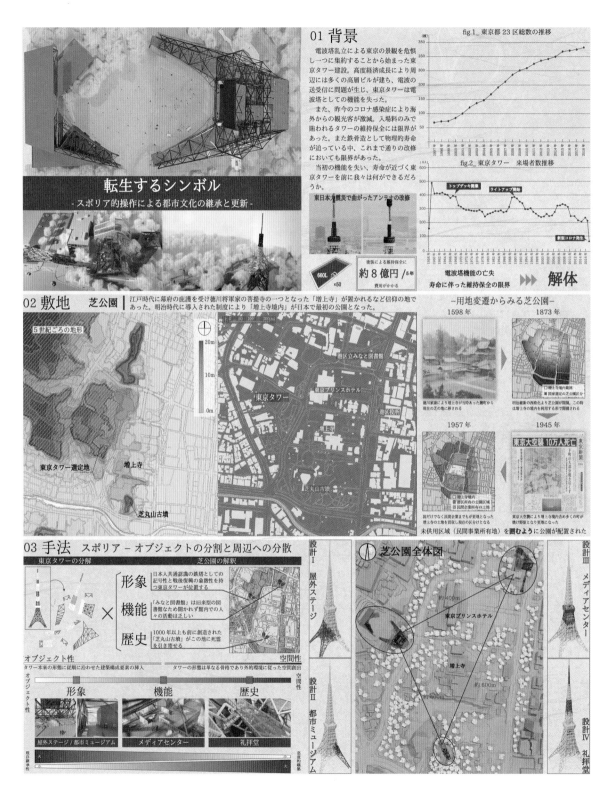

01 背景

電波塔乱立による東京の景観を危惧し一つに集約することから始まった東京タワー建設。高度経済成長により周辺には多くの高層ビルが建ち、電波の送信に問題が生じ、東京タワーは電波塔としての機能を失った。

また、昨今のコロナ感染症により海外からの観光客が激減。入場料のみで賄われるタワーの維持保全には限界があった。また鉄骨造として物理的寿命が迫っている中、これまで通りの改修においても限界があった。

当初の機能を失い、寿命が近づく東京タワーを前に我々は何ができるだろうか。

fig.1_ 東京都23区総数の推移

fig.2_ 東京タワー 来場者数推移

東日本大震災で曲がったアンテナの改修

塗装による維持保全に 約8億円 /5年 費用がかかる

660L ×50

電波塔機能の亡失
寿命に伴った維持保全の限界 ▶▶▶ 解体

02 敷地　芝公園

江戸時代に幕府の庇護を受け徳川将軍家の菩提寺の一つとなった「増上寺」が置かれるなど信仰の地であった。明治時代に導入された制度により「増上寺境内」が日本で最初の公園となった。

5世紀ごろの地形

20m / 10m / 0m

東京タワー選定地　増上寺
芝丸山古墳

港区立みなと図書館
東京タワー
東京プリンスホテル
港区役所
増上寺
芝丸山古墳

-用地変遷からみる芝公園-

1598年
徳川家康により増上寺が当地のあった貝塚から現在の芝の地に移される

1873年
明治維新の西欧化により芝公園が開園。この時は増上寺の境内を利用する形で開園された

1957年
国だけでなく民間企業までもが更地となった増上寺の土地を買収し現在の区分けとなる

1945年
東京大空襲により増上寺境内含め多くの町が焼け野原となり更地になった
東京大空襲 10万人死亡

未供用区域（民間事業所有地）を囲むように公園が配置された

03 手法　スポリア－オブジェクトの分割と周辺への分散

東京タワーの分解

芝公園の解釈

形象 × 機能 × 歴史

日本人共通認識の鉄塔としての記号性と戦後復興の象徴性を持つ東京タワーが位置する

「みなと図書館」は旧来型の図書館なため開かれず館内での人々の活動は乏しい

1000年以上も前に創造された「芝丸山古墳」がこの地に死霊を引き寄せる

オブジェクト性 ─────── 空間性

タワー本来の形態に従順に沿わせた建築構成要素の挿入　タワーの形態は単なる骨格であり外的環境に従った空間創出

形象　機能　歴史

屋外ステージ／都市ミュージアム　メディアセンター　礼拝堂

芝公園全体図
東京プリンスホテル
増上寺
約400m　約600m　約400m

設計Ⅰ 屋外ステージ
設計Ⅱ 都市ミュージアム
設計Ⅲ メディアセンター
設計Ⅳ 礼拝堂

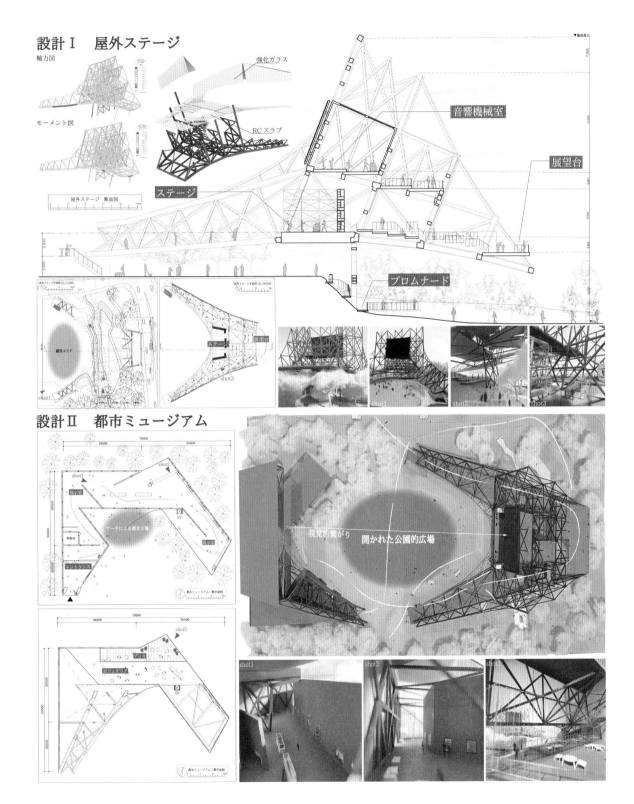

設計Ⅰ 屋外ステージ

軸力図

モーメント図

強化ガラス

RCスラブ

音響機械室

展望台

ステージ

プロムナード

設計Ⅱ 都市ミュージアム

アーチによる溜まり場

エントランス

視覚的繋がり　開かれた公園的広場

カフェテリア

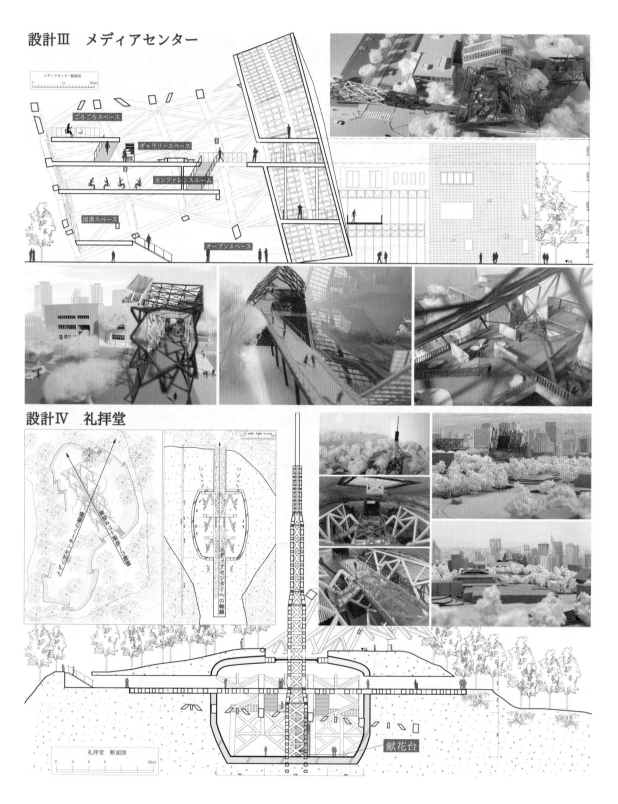

設計Ⅲ　メディアセンター

メディアセンター断面図

ごろごろスペース

ギャラリースペース

カンファレンスルーム

図書スペース

オープンスペース

設計Ⅳ　礼拝堂

メディアセンターへの軸線

礼拝堂への軸線

札幌堂　平面図　GL+3,000

メディアセンターへの軸線

献花台

礼拝堂　断面図

戦後の象徴が解体を経て新たな文化創出の施設へ

安藤 日本の経済成長と共にテレビが普及したことで電波塔が必要とされ、東京タワーの建設が決定しました。しかし今日では戦後の象徴としてそこにあるのみです。現在では高さ100mを超える高層建築が次々に建設し、電波が遮られ東京タワーは電波塔機能を失いました。来場者数の推移でも年々減少が見られます。また東日本大震災ではアンテナ頂部が曲がる事故が発生。5年に1度行われる鉄骨の塗り替え工事には約8億円もの費用が掛かります。そして60年以上経つ鉄骨としての寿命に対し、これまで通りの維持保全では当然限界を迎えてしまいます。そこで、この地が地震大国であることや経済的な側面などから東京タワーの解体を提案します。一般的な廃材化する解体ではなく構造体を計画的に分解する形で解体します。つまり東京タワーは本来の形態を再解釈し空間へ転じ、さらなる魅力を見出します。

敷地は東京タワーがある港区芝公園、埋め立て以前は江戸湾の先端に位置し半島のような地形をしていました。徳川家の霊廟がある増上寺や芝丸山古墳など、多くのコンテクストが点在します。徳川家康により増上寺が現在の地に移され明治頃、芝公園が開園。しかし東京大空襲によって焼け野原となり民間企業が土地を買収。これらの土地編成により公園が民間所有地を囲む配置となり、公園の分断を引き起こしています。提案としては、東京タワーを分割し芝公園に分散させるスポリア的操作を行います。あ

る既存の物質を転用し再利用することでその物質に対する記憶が継承される操作を「スポリア」と呼びます。現在の東京タワーに置き換えると、戦車の鉄を溶かして生成された鉄骨で建設されました。つまり戦車を転用し戦争という記憶を継承した姿が現在の東京タワーです。本提案は、その東京タワーに秘められた記憶や形態を転用し新たな継承を生み出すことです。

東京タワーを一定のユニットごとに分解し、芝公園に存在するコンテクストと結びつけます。1つは鉄骨としての記号性と戦後復興の記憶から継承性を見出します。2つ目は旧来型の図書館特有の閉ざされた空間である港図書館。3つ目は1000年以上前から存在していた芝丸山古墳より歴史性を見出します。

タワー本来の形態に即したオブジェクト性の高い構築と、タワー部材を単純な骨格として考えて設計する、空間性の高い構築の2つの濃淡で結び、3つの敷地要素から、継承性には屋外ステージと都市ミュージアム、機能性にはメディアセンター、歴史性には礼拝堂を設計します。それぞれに分散させ、芝公園を囲むように配置された東京タワーの形態が新たな風景を創造します。

最後に、時間の関係上4つのうち屋外ステージのみ説明します。東京タワーの跡地から斜面方向に構造体を倒す形で配置します。構造体に沿わせるようにRCスラブと壁面ガラスを挿入します。高台側にライブなどのステージを、芝公園側に展望台を設けます。構造体下の急な斜面地にはプロムナードを設計し高低差を緩やかにつなげます。芝公園側から見える巨大な構造体は、街に新たな風景をつくり出します。トラスで覆われた足からアプローチし、展望台を先端に回遊的な動線を計画しました。東京タワーの跡地には、中央の公園的広場を囲むように足を中心とした2つの施設を設計しました。転生した東京タワーは、これまでのようなシンボルとしての形態ではなくても、新たな姿からまた新たな文化を創り我々の記憶に刻み込むだけの力を秘めているでしょう。

藤村 バーナード・チュミも赤いフォリーを点在させていましたが、それを思い出させる作品ですね。プログラミングを読み替えていますが、きちんとストラクチャーの形を読み直しているので、単なるコンセプトや方法論の提示ではなく、具体的な提案になっていると思います。

神楽の降下橋
——峡谷で舞う高千穂夜神楽

敷地：宮崎県西臼杵郡高千穂町　用途：橋・建築　面積：—　構造：木造　階層：—

優秀賞

私は地元である宮崎県の西臼杵郡高千穂町を敷地とし、敷地調査を通して高千穂町の風土や歴史、文化を体感した。高千穂町は日本書紀や古事記などでも登場する数多くの神話が息づく場所としても知られている。計画敷地は岩戸川流域の峡谷、この峡谷は三田井地区と岩戸地区の間にあり、地域の境となっている。二つの地域で神楽も少しずつ違うため、多種多様な神楽を舞う舞台であり、人々をつなぐ橋を設計した。日常的に地元住民が利用し、ハレの日は神楽の演目を行い、ケの日は神楽の稽古を行う場所として地域に開いている。二つの地域の境となっている峡谷に、橋であり神楽を舞う舞台をつくることで、人と神々をつなげ、舞遊ぶ場所となる。

谷口 真寛
Mahiro Taniguchi

日本大学 生産工学部 建築工学科
篠﨑健一研究室

Planning / making	3カ月／2週間
Next	日本大学大学院篠﨑健一研究室
Inspiration	脱力
Favorite architecture	聖ベネディクト教会
Software	Rhinoceros、Illustrator、Photoshop

1. 背景 私たちの信じたもの

現代社会の大勢は、この社会からカミそのものを排除する方向に動いている。それは人間関係をやわらかく包み込んでいた緩衝材の消失であり、死後の世界との断絶である。人間以外の存在をこの世から追い出して、人が主人公として君臨する時代をつくり上げたのが近代という時代だ。どこか息苦しさのある社会であるからこそ、私たちは、目に見えぬものが人間関係を穏やかに包み込むかつての世界観に改めて光を当ててみてもいいのではないか。

計画対象地は宮崎県西臼杵郡高千穂町。宮崎県の最北端に位置する高千穂町は、高千穂峡や棚田などの豊かな自然と、古事記・日本書紀における天孫降臨の地として多くの神話が息づいている。

棚田はよそ者を寄せ付けないテリトリーを持っている

敷地は高千穂町の三田井地区と岩戸地区に挟まれた岩戸川流域。岩戸川は峡谷に流れる川で、周りには広大な棚田が広がっている

2. 伝統 高千穂夜神楽の現状

神楽は、五穀豊穣などを叶える神仏の降臨を願って、さまざまな演目を奉納するもので、日本各地の神社で行われている。本地域における神楽は、住民の結束を固める重要な儀式であり、長い伝統を持つ多種多様な神楽がそれぞれの集落で伝承されている。しかし、今では神楽の演目も少しずつ省略されていき、観光地化によるフィクションな風景に成り代わろうとしている。民家を神楽宿として使用することはなく、公民館で神楽が行われ、有名な神社の神楽殿では観光客向けに省略された神楽が舞われている。

3. 提案 境をつなぐ橋と、天と地をつなぐ神楽

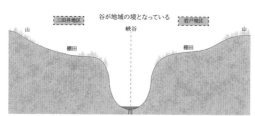

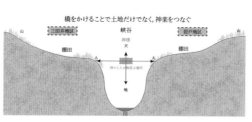

二つの地区は、谷を境に分かれており、人の生活も棚田で完結しているため、神楽も地域によって異なる。峡谷に橋を設計することで、生業の風景を谷に持ち込み、二つの地域の神楽が混ざり合い多種多様な神楽を舞う場所を提案する。

谷をまたぐようにして横の軸をつくって人と神楽をつなぎ、カミが舞い降りる場所として橋の中心を縦軸とし、谷に対して降下する神楽を舞う場所をつくる。二つの軸が交差することで、人と神々が舞い遊ぶ場所となり、降下した神楽がこの土地全体の精神的支柱として町全体を支える。

神楽の降下橋

4. 構造 スギ集成材を利用したトラス橋

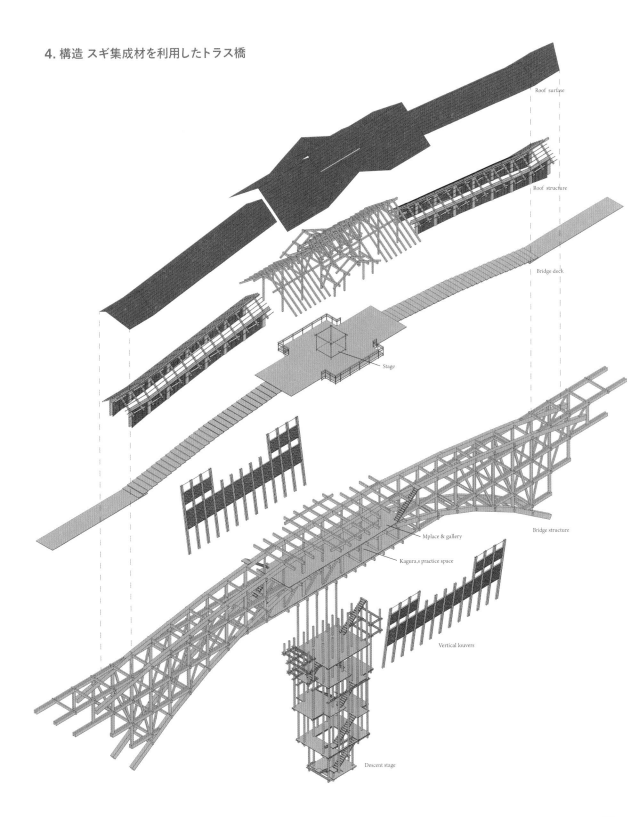

Roof surfase

Roof structure

Bridge deck

Stage

Mplace & gallery

Kagura,s practice space

Bridge structure

Vertical louvers

Descent stage

5. 断面

異界への境としての橋が、この世とこの世ならざる世界との接点であり、またこの世であってこの世ならざる領域に位置するものとなる。

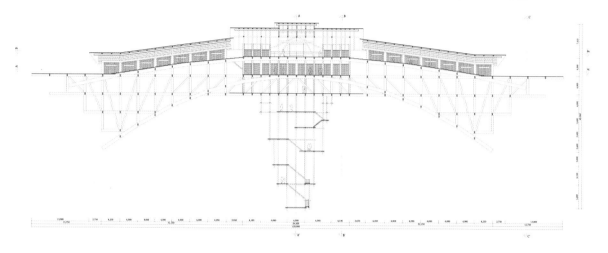

6. 平面

土地の堺となっている谷に橋をかけることで、神楽が人々の営みをつくり出す。

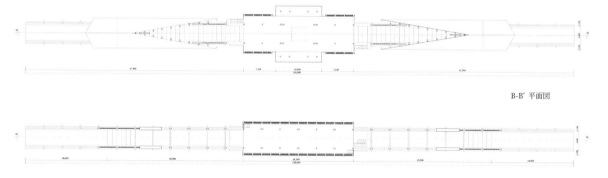

B-B' 平面図

A-A' 平面図

神と人々が舞い遊ぶ中心となる場

異なる地域を結ぶ神楽舞台への道

神楽の舞台で人と神だけでなく住民同士をつなぐ

谷口　地元である宮崎県の西臼杵郡高千穂町の可能性を探りたいと思ったのが本卒業設計の始まりです。また、その美しい自然が息づく風景だけでなく、高千穂神楽に惚れ込んだのも高千穂町を敷地として選定した理由の1つです。神楽では、五穀豊穣などを叶える神仏の降臨を願ってさまざまな演目を奉納しており、日本各地の神社で行われています。高千穂町では集落ごとに神楽が伝承されており、昔は民家を神楽宿として神楽を舞っていました。ハレの日には住民が集まって、かっぽ酒を飲みながら夜通し翌日の昼まで舞い遊ぶなど、人々がコミュニケーションを取る重要な祭事でした。しかし今では神楽の演目も少しずつ省略されていき、観光地化によるフィクションの風景に成り替わろうとしています。民家を神楽宿として使用することはなく、公民館で神楽が行われています。有名な神社の神楽殿では、観光客向けに省略された神楽が舞われています。現代社会の体制として、社会から神様を排除する方向に動いているように見えます。それは人間関係を柔らかく包み込んでいた緩衝材の消失であり、死後の世界との断絶です。そこで私は、人間関係を穏やかに包み込む、かつての世界観に目を向け、さらに、高千穂ならではの棚田の風景と谷に着目し、神楽を舞う場所を再構築して神々と舞い遊ぶ場所を設計しました。

敷地は、高千穂町の三田井地区と岩田地区に挟まれた岩戸川流域の峡谷で、周りには、谷に向かって下る斜面に沿って棚田の風景が広がっています。その棚田を挟み込むように山々が連なっています。山々に囲まれた険しい山間地である高千穂。森林に囲まれ、平地が少ない厳しい環境下で人工林における木材生産や棚田での稲作など多様な農業を組み合わせ、生活の基盤をつくってきました。

また、高千穂は日本神話ゆかりの地としても知られており、天岩戸神話や天孫降臨などの神話の舞台として伝えられる地と神々を祀る神社が数多く存在します。棚田には水路が張り巡らされ、水路に沿って道も続いています。峡谷を挟み込む棚田は、どこかよそ者を寄せ付けないテリトリーのようなものを醸し出しており、棚田に挟まれた峡谷は地元住民以外足を踏み入れづらくなっています。棚田から枝分かれするように細い道が棚田を通って敷地へとアクセスします。2つの地区は谷を境に分かれており、人の生活も棚田で完結しているため神楽の舞いの順番や舞い方も少しずつ違います。この峡谷に建築を設計することで生業の風景を谷に持ち込み、2つの地域の神楽が混ざり合い、多種多様な神楽を舞う場所を設計します。谷をまたぐようにして横の軸をつくって神楽をつなぎ、神が舞い降りる場所として橋の中心を縦軸とし、谷に対して降下する神楽を舞う舞台をつくりました。2つの軸が交差することで人と神々が舞い遊ぶ場所となります。

橋は全長120mあり、宮崎県が杉の有名な産地であることから、杉の集成材を利用してストラクチャーを形成しました。橋の床版と神楽の舞台が同一平面上にあり、人が行き交う場で、神楽の稽古や演目を行います。棚田が人流を抑制し、よそ者を寄せ付けづらくするフィルターのような役割を果たしながら、棚田と神楽が相互作用し、神々と舞い遊ぶ場所を守ります。橋を少し渡るとアーチの構造体に沿って階段が続き、緩やかに中心の舞台がある広間へとつながります。広間では谷全体を見渡すことができ、神楽の稽古や演目などを行います。普段は地域の人々が行き交い、休息し雑談しながら神楽の練習風景を眺め、日常の風景となります。この橋は異界との架け橋であり、人と神様をつなげる建築です。そして、地域の人にとって神楽を伝承する神楽殿であり、地域住民のコミュニケーションの場として神楽とともに生きていく風景をつくります。

手塚　プレゼンテーションを聞いたら、とてもよかったです。司馬遼太郎の『菜の花の沖』という本で、1つの村が川を挟んで2つに分かれており、若者たちが互いに仲が悪くて競い合っているところに橋があればという話が出てくるのを思い出しました。この橋によって2つの文化がつながるというのがとてもいい。完成度も非常に高く、意外といい作品だと思いました。とてもよくできています。

都市を停める
── 工事仮設物を用いて更新し続ける駐車場

敷地：愛知県名古屋市　用途：—　面積：—　構造：—　階層：—

優秀賞

時代の進歩につれ駐車スペースの需要が減少すると予想し、その隙間に建て替えにより一時閉館になる劇場などの公共空間の代替を担わせる。私はこの行為に「都市を停める」と名前をつけた。
本提案では2050年頃までを想定し設計したが、駐車場は都市を停め続け、新しい公共空間群、あるいは都市そのものへと変容していくのではないか。

新美 志織
Shiori Niimi
工学院大学 建築学部 建築デザイン学科
樫原徹研究室

Planning / making	3カ月／1カ月
Next	工学院大学大学院樫原徹研究室
Inspiration	―
Favorite architecture	―
Software	―

1. 立体駐車場とその未来

駐車場の需要減少が見込まれる未来にて、駐車場の「停める(parking)」という空間特性を生かし、駐車場をスクラップにしてしまうのではなく、「多様な活用方法を見出せないか」と考えた。戦後以降、増加し続ける駐車場台数だが、自動車保有台数は、駐車場台数の増加と比較すると増加率は限りなく低い。このことから、今後都市に駐車場が飽和状態になることが予測される。また、近年の MaaS やカーシェアリングの発達により、自動車以外のモビリティが流通することや、自動車保有台数が低下し駐車場の需要が低下することが懸念される。現に若者の自動車保有率は年々低下している。

2. 提案 駐車場の余剰に都市機能を挿入

将来、駐車場の車両保管必要台数が減少することで生まれた余剰を活用する。敷地は、大きな変化が予測される名古屋市にある金山駅周辺のアスナル金山である。更新される建築の工事が行われる期間、工事の仮設物を用いて一時的に不在となる都市機能を挿入することを試みる。都市機能・都市交通体系の2つの変化を共に受容する器のような駐車場となるだろう。余剰の活用方法として3つの手法を用いる。①都市計画によって行われる工事の仮設物を再利用し、「仮設的」に空間をつくっていく。②フレキシブルに空間を活用できるように減築を行い吹き抜けや公園となる広場を設ける。③キッチンカーなど、空間生成能力のあるモビリティによって駐車場のポテンシャルを引き出し、活用する。

3. 手法

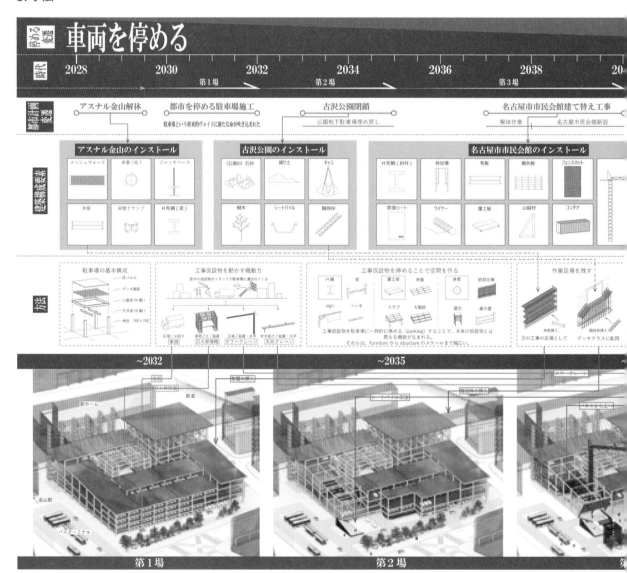

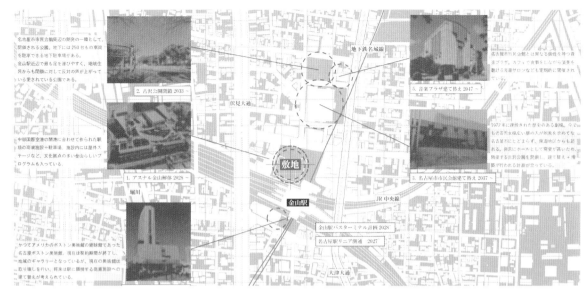

名古屋市民会館周辺の開発の一環として、閉鎖される公園。地下に約250台もの車両を駐車できる地下駐車場がある。金山駅近辺で最も日を浴びやすく、地域住民からも閉鎖に対して反対の声が上がっている愛されている公園である。

2. 古沢公園閉館 2033 ～

中部国際空港の開業に合わせて作られた駅前の商業施設＋駐車場。施設内には屋外ステージなど、文化拠点の多い金山らしいプログラムも入っている。

1. アスナル金山解体 2028 ～

地下鉄名城線

伏見大通

敷地

堀川

金山駅

JR 中央線

金山駅バスターミナル計画 2028

名古屋駅リニア開通 2027

大津大通

3. 音楽プラザ建て替え 2047 ～

名古屋市民会館とは異なる属性を持つ音楽プラザ。カフェで食事をしながら音楽を聴ける各種音楽サロンなども定期的に開催されている。

3. 名古屋市市民会館建て替え 2037 ～

1972 年に建設された歴史のある劇場。今の名古屋を愛心少ない人々が娯楽を求めてな名古屋市にとどまらず、東海地区からも訪れる。新設にホールとして貢献が高まれ、隣接する古沢公園を閉館し、建て替え＋増築が行われる計画が立っている。

かつてアメリカのボストン美術館の別館であった名古屋ボストン美術館。現在は駐射隣接が終了し、地域のギャラリーとなっているが、現在の美術館は取り壊しを行い、将来は駅に隣接する商業施設への建て替えが考えられている。

都市を停める

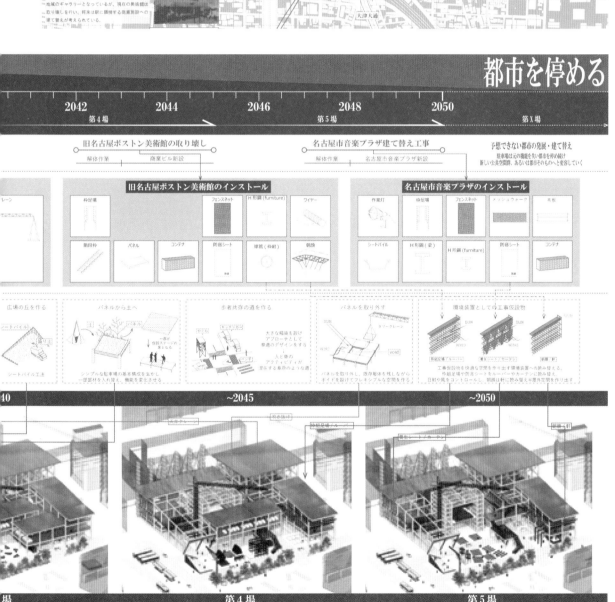

| 2042 | 2044 | 2046 | 2048 | 2050 | |
| 第 4 場 | | | 第 5 場 | | 第 X 場 |

旧名古屋ボストン美術館の取り壊し

解体作業 　 商業ビル新設

名古屋市音楽プラザ建て替え工事

解体作業 　 名古屋市音楽プラザ新設

予想できない都市の発展・建て替え
駐車場元の機能を失い環境装置を停め続け
新しい公共空間開放、あるいは都市そのものへと変容していく

旧名古屋ボストン美術館のインストール

| レーン | 枠足場 | フェンスネット | H形鋼 (furniture) | ワイヤー |
| 親杭枠 | パネル | コンテナ | 防音シート | 墨質 (枠組) | 朝顔 |

名古屋市音楽プラザのインストール

| 作業灯 | 枠足場 | フェンスネット | メッシュウォーク | 赤板 |
| シートパイル | H形鋼 (梁) | H形鋼 (furniture) | 防音シート | コンテナ |

広場の丘を作る

シートパイル

シートパイル工法

パネルから土へ

シンプルな駐車場の基本構成を生かし一部部材を入れ替え、機能を変化させる

歩者共存の道を作る

大きな傾斜を設けアプローチとして車道のデザインをする

人と道のアクティビティが見られる劇場のような道

パネルを取り外す

タワークレーン

void

パネルを取り外し、原存躯体を残しながらボイドを設けてフレキシブルな空間を作る

環境装置としての工事仮設物

工事仮設物を快適な空間を作り出す環境装置への読み替える。枠組足場や防音シートをルーバーやカーテンに読み替え、日射や風をコントロールし、朝顔は快適な屋内空間を作り出す

| 40 | ~2045 | ~2050 |

天井クレーン

枠組足場グループ

芝生シート／カーテン

朝顔／軒

| 場 | 第 4 場 | 第 5 場 |

車社会の縮小から生まれた変容を受け入れる立体駐車場

新美　この卒業設計において、未来を見つめ、「建築」と「時間」を設計しました。私たちの生活を大きく変化させるであろう自動運転技術。また、環境への配慮や視野の浸透。そして現在の駐車場数や、若者の自動車保有率の低下から、今後の駐車場需要の減少が予測されます。一方で私は、立体駐車場は広場のようなフレキシブルな床や連続するストラクチャーなど、空間的ポテンシャルを持つことを発見しました。そこで、駐車場の特性を生かし多様な活用方法を見出せないかと考えたのが本提案の出発点でした。

敷地は愛知県の副都心である金山駅前です。リニア開通や周辺の開発に合わせて、閉鎖する駐車場や取り壊し予定のある商業施設に、新設＋リノベーションで立体駐車場を計画します。駐車スペースの需要の減少による余剰に、劇場をはじめ、今後建て替えが予想される都市機能を一時的かつ、連続的に収容します。私は、この将来の駐車場の余剰を活用する行為に、「都市を停める」と名前を付けました。

本提案では、おおよそ予測可能な2050年頃までに建て替え、あるいは取り壊し工事が行われる予定の5つの建築

を停めていきます。駐車場台数は400台から最終的に60台に減少する想定で、周辺の公共空間の代替を引き受けるうちに減築されるものと、仮設物のインストールによって効率的で均一的な駐車空間が有機的に変化していきます。

都市を停める駐車場を設計するにあたり、3つの手法によって余剰をコンバージョンしていきます。第1場、車両を停めた駐車場の将来である第2〜5場までの空間の変遷をお聞きください。第2場、公園を停める。主に全面の減築を行い、余剰に古沢公園の代替として広場空間を生み出します。都市の更新に合わせて、丘や遊具・屋台など、さまざまなスケールのものが仮設物によって生み出されます。第3場、コミュニティを停める。タワークレーンを用いて吹抜けを生み出し、駐車場の明暗を生かしたホールをつくります。第4場、芸術を停める。旧ボストン美術館の大庭を駐車場の空間要素であるスロープに合わせることで、シームレスな展示空間を持つ美術館を設計しました。工事仮設物は快適な環境をつくり出す、環境装置にも読み替えています。第5場、劇場を停める。今まで資材の搬入や車両の縦動線に使っていた大型エレベーターを劇場に転用します。

本提案では2050年頃までを想定しましたが、その後も都市は予想できない発展を遂げてゆくでしょう。その度、この駐車場は仮設物を用いて姿を変え、都市を停めていきます。資源も場所も有限です。空いた場所に何を停めていくか。多くの人と未来を考えていきたいです。

南後　車社会のあり方など、社会が変化することによって建築がどう変化していくか。その一方で、この建築がこの敷地に関わることで、社会がどう変化していくか。この両方のベクトルが考えられていたのがよかったです。また広域の視野もあり、敷地周辺で起きるであろう建て替えや取り壊しなどの時間のスケールを加味して、さまざまな空間スケールの仮設物を提案しながら、都市の更新にフレキシビリティを持って対応しようという点も興味深かったです。

手塚　都市の変容に合わせていく建物ということで、私の師匠であるリチャード・ロジャースを思い出します。模型もとてもきれいに出来ています。仮設となると、模型をしっかりつくりこまない人が多いけれど、詳細までつくり込み、どう活用するかまで、きちんと空間ができています。

身体が紡ぐ芸術と劇場空間
──Cirque du Soleil

敷地：余呉湖　用途：劇場　面積：8,240㎡　構造：木造　階層：2階

佳作
原田賞

Cirque du Soleilは世界のエンタメ業の最高潮とも言えるパフォーマンス集団である。

他の演劇等とは異なり、空中でのパフォーマンスが要となるCirque du Soleilだが、今まで、人の動きと何も関係のない同じようなテントで行われていた。しかし、観劇という行為は観る人と演じる人が一体となれる特別な空間である。だからこそ、宙を舞う人の動く軌跡から空間を設計することで、見ている人も体現できるような空間が生まれると考える。

永木 伶奈
Reina Eiki

東京都市大学 工学部 建築学科
手塚貴晴研究室

Planning / making	6カ月／2週間
Next	東京都市大学大学院手塚貴晴研究室
Inspiration	人間観察
Favorite architecture	Yoshio Taniguchi
Software	Rhinoceros、Vectorworks、Adobe

1. 提案

2. 設計

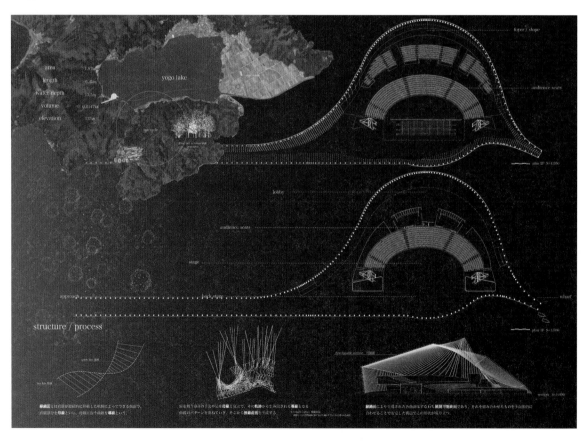

宙を舞うパフォーマンスが映える曲線の美しい専用劇場

永木 私はCirque du Soleilの専用劇場を提案します。世界的に有名なサーカス団であり、他の演劇とは違って宙に舞うようなパフォーマンスがあるにも関わらず、演者の動きとは関係のないテントで開催されていることに違和感を抱きました。そこで、私は見ている人も、演者の動きが体感できるような空間を提案しました。

形状のプロセスと構造について説明します。演者の手と足を母線に見立てて、その軌跡によって生み出される曲線のパターンを重ねていくことによって、そこから接線曲面を形成します。その接線曲面により生成された各曲面を展開可能曲面とすることで、安定した形状が成り立ちます。客席の高低差のある曲面空間は、多方向から登場する演者の動きとのコントラストを自然と生み出せるような空間として設計しています。

また、もう1つの設計の軸として、劇場に向かうまでの移動距離は高揚感を高める時間とし、帰りの移動距離は余韻に浸る時間としてあるべきだと考えています。それを建物の形状にも表しており、客席に続く長いアプローチは高揚感を高める空間として設けています。そこか

らスロープで登っていき、客席に自然と引き込まれるような空間としました。そこで演者の動きを体感し、劇を観た後はアプローチの反対側に設けた船着場からボートに乗り、湖上から劇場を俯瞰することで演者の動きを連想させ、余韻に浸れるようにし、ここで奥に見える山の尾根とのコントラストや敷地周辺との関わりを感じられるような場となっています。

最後に、コロナの影響を受けて今まで

の劇場のあり方とは別に、配信という形を取れることがわかり、価値観が変わってきていると思いますが、私は劇を観るということを体験として心に刻まれるような空間にしたいという思いを込めて設計しました。

大野 構造的には非展開面をつくったことにより、変形を抑制しながら形を安定させていると思います。端部が三角トラスで構造に上手く効いているけれど、この大空間の場合は、実際のところ上手く作用するか難しいと思います。非展開面を構造に使うのであれば、この面は構造の要素になってしまう。構造が面的になってしまうので、Cirque du Soleilの演者の動きが尾根のラインなどに本当に見えてくるかは気になります。それが伝わるパースがあると良いと思います。

水トノ共生作法
──針江集落におけるカバタ集積による失われた水との暮らし・集落拠点の再編

敷地：滋賀県高島市針江集落内湖周辺　用途：産業複合施設　面積：8,000㎡　構造：Ｓ造、一部木造　階層：5階

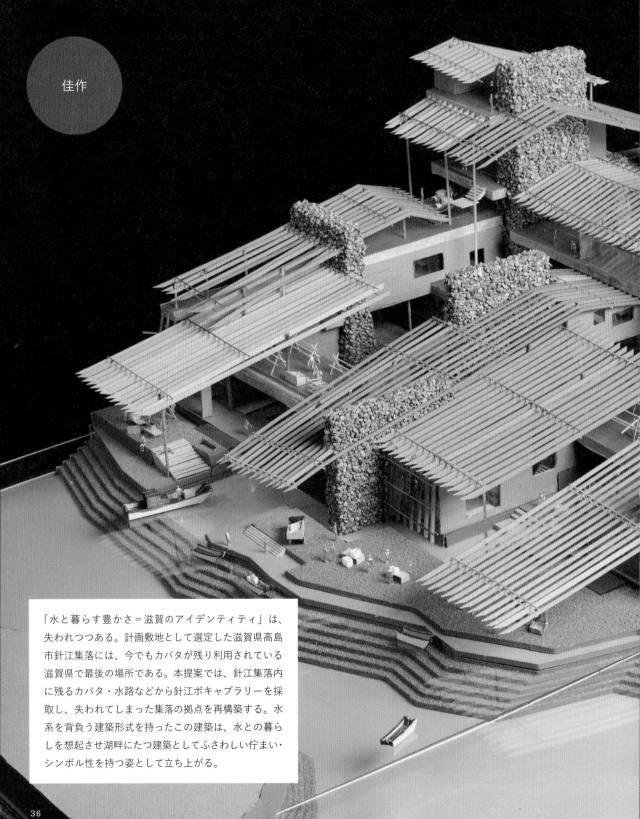

佳作

「水と暮らす豊かさ＝滋賀のアイデンティティ」は、失われつつある。計画敷地として選定した滋賀県高島市針江集落には、今でもカバタが残り利用されている滋賀県で最後の場所である。本提案では、針江集落内に残るカバタ・水路などから針江ボキャブラリーを採取し、失われてしまった集落の拠点を再構築する。水系を背負う建築形式を持ったこの建築は、水との暮らしを想起させ湖畔にたつ建築としてふさわしい佇まい・シンボル性を持つ姿として立ち上がる。

饗庭 優樹
Yuki Aiba

立命館大学 理工学部 建築都市デザイン学科
建築意匠研究室

Planning / making	5カ月／3週間
Next	立命館大学大学院建築意匠研究室
Inspiration	水・水系
Favorite architecture	藤本壮介
Software	Illustrator、Photoshop、ArchiCAD

1. 敷地 水と暮らす風景が残る場所

敷地は、私の地元である滋賀県の北部に位置する滋賀県高島市針江集落（旧饗庭村）。ここには、200年以上続く「カバタ」と呼ばれる水と共に生きる暮らしがある。地下水脈にパイプを打ち込み、大量の水が自噴している。一般的に、カバタでは湧き水が「元池」→「壺池」→「端池」の順に3つの器を流れていき、最後に水路に流れ出る。「端池」ではコイなどが水を浄化している。内湖沿岸部はかつて、この地域の生業のスタイル（半農半漁）から農業・漁業の2つの生産の場を結ぶ拠点であった。しかし、湖岸道路の開発・内湖の埋め立てなどにより、水路・内湖の面積はかつての半分以下となり、現在では、その拠点は消滅してしまった。

2. 提案 消滅した集落拠点の現代的再編

内湖沿岸部および生業の変遷

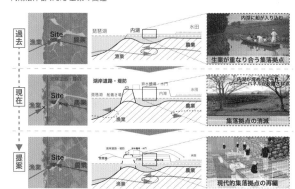

湖岸道路をGL+7,000からGL+1,000まで地面をアンジュレーションさせるように落とすことで、分断された農業と漁業の生産拠点を取り戻し、湖岸道路を通る観光客と住民が混ざり合う現代的集落拠点を再建する。

3. さまざまな水との生業が介在する集落拠点

カバタを中心に、水との生業が介在するマーケットの複合化を提案する。現在の生産の場の間に加工場・販売所などの機能を持たせ、失われた生業拠点を再編。さらに、集落内の商店などを移築させ、湖岸道路から訪れる人を受け止める。

4. 立体的につながる水系ネットワーク

さまざまな用途の諸室が1つの立体的な水路でつながる。川上・川下の関係を生み出すことで、針江にある水を介した無言のコミュニケーション＝「針江流コミュニケーション」を誘発する。

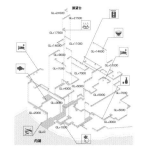

5. コンセプト 「水系に便乗する」空間体験

細い水路がぶつかり川になり、川が合流して内湖・琵琶湖が形成される滋賀の水系を建築に取り込む。抽出した要素を、水のスケールに合わせて配置・設計を行うことで針江でしか成立しない建築を生み出す。

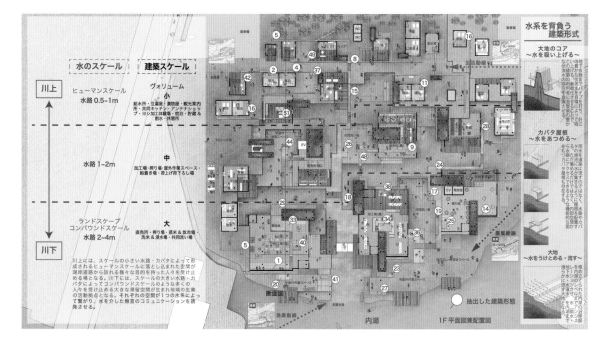

水と共生する建築で"滋賀のアイデンティティ"を守る

饗庭　みなさんの生まれた場所には、その場所のアイデンティティは今も残っているでしょうか。本卒業設計では、失われ忘れられつつある滋賀のアイデンティティを取り戻し発信する建築を提案します。滋賀のアイデンティティとは何か。僕が考える滋賀のアイデンティティとは、水と人が共生する風景や、僕たちが水と暮らす豊かさを忘れない身体性のことを指しています。しかし今日の度重なる都市開発によってそういった場所はなくなり、一般市街地化しつつある滋賀に危機感を覚え、この卒業設計を始めました。

　敷地は、滋賀県高島市旧饗庭村針江集落に設定しました。ここは、「饗庭」という名前の通り、自分の苗字と同じで自分にもルーツのある場所です。ここには「カバタ」と呼ばれる、水と共に暮らす手法が今も残り利用されています。カバタとは、この図のように一種の水と暮らす共生作法のようなものです。本提案では、針江集落内に残るカバタや水路などから針江ボキャブラリーを採取し、失われてしまった集落の拠点を再構築します。また、失われる原因となった堤防や湖岸道路を悪とするのではなく、現代のインフラとして活用することで、地方の閉じたコミュニティの場ではなく、カバタを通して私たちが忘れつつある水と暮らすことの豊かさ、滋賀のアイデンティティを発信する建築となります。プログラムは周辺の環境やヒアリング調査から決定しました。設計手法としましては周辺の動線4つから全体のゾーニングを決定します。

　建築コンセプトは、水系に便乗する空間体験です。1つの建築の中に滋賀の水系を取り込むことで、建築内に川上、川下の関係が生まれます。川上にはヒューマンスケールに落とし込まれた水路やカバタなど、建築ボリュームによって形成された空間が湖岸道路から訪れるさまざまな目的を持った人々を受け止める場となります。一方で川下にはスケールの大きい水路や建築ボリューム、それに呼応するカバタによって大きな滞留空間が生み出され、地域住民が利用する生業の活動拠点となります。これらの空間が1つの水系によってつながることで、針江集落内に息づく水を介した無言のコミュニケーションがこの建築内でも誘発されます。針江集落内に息づく建築のコミュニケーションとは、カバタを通して川上の人が川下の人を思って水を使う、川下の人が川上の人を信頼して水を使うことであり、水というのは一種のコミュニケーションツールであることを今回の設計を通して発見しました。全体が1つの水系でつながり、これらの水系を担う建築形式として水を吸い上げる大地のコア、水を集めるカバタ屋根、水を流して受け止める大地によって全体が構成され、この建築の存在そのものが水やカバタの存在を想起させるものとなります。

　この建築はまだ完成ではありません。水やカバタ、水路を求めて苔や雑草、樹木が入り込み、建築が緑を纏います。また、琵琶湖の魚たちが内湖、琵琶湖を通って水路に侵入し、石垣でできた水路や大地のコアが魚の住処となります。こうして出来上がった1つの山のような建築が湖畔に立ち上がります。

クマ　自分のルーツのある場所からリサーチをし、かなりシンプルなカバタというシステムを建築化したところが評価できると思います。具体的な使われ方のイメージがおそらくあまりできていないので、そこをもう少し聞いてみたかったです。

現代版集落再生

── 第二の人生実践場へ進化する住宅団地の未来構想図

敷地：長野市郊外浅川・若槻団地　用途：地域拠点施設　面積：450㎡　構造：木造　階層：3階

佳作

40

福田 凱乃祐
Yoshinosuke Fukuda

信州大学 工学部 建築学科
寺内美紀子研究室

Planning／making	2カ月／4週間
Next	信州大学大学院寺内美紀子研究室
Inspiration	山本理顕
Favorite architecture	地中美術館
Software	ArchiCAD、Photoshop、Illustrator、自分の手

団地の共有地公園に住宅の空間更新を促す工房と住民の「ハナレ」を集積させ、住民が団地で盛んな趣味活動を商品やサービスに変える場を集まった材で思い思いに展開する。そんな住民の第三領域が団地一帯に成長し、住むためだけにあった団地が第二の人生実践場へと進化する。生活と空間の連動していく団地像を住民みんなでつくり上げていくことこそ現代における集落再生の姿になると考え、本設計を提案する。

1. 団地の生活を紡ぐ「公園住区」を 団地一帯に展開する

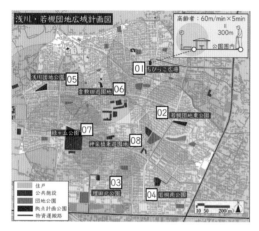

宅地開発と同時に整備された団地公園は、対象敷地内26カ所に等間隔に分布する住宅群で覆われた、団地の貴重な生活共有の場である。高齢者の徒歩圏300mの間隔で8カ所に住民のハナレを集積させた拠点を構築し、団地内にセカンドキャリア形成の場を展開する。

2. 「使いこなし」への材の読み替え

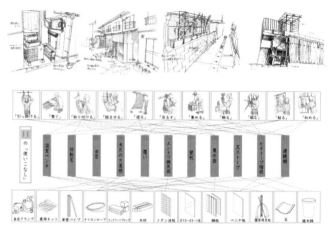

団地住民の生活規模の縮小に伴って生じている空間的特性をスケッチによって分析する。スケッチから抽出した住みこなしを構成する住民の小さな構築行為と住空間の更新を行うことで、拠点に集積する解体材をリストアップし、両者を掛け合わせてハナレの利用者が思い思いに関係性を空間化するツール「使いこなし」への材の読み替えを行う。

3. 第二の人生実践の場「ハナレ」

浅川・若槻団地では、公民館でのサークル活動を中心に住民間で趣味を共有する文化がある。そこで、共有地公園に住民のハナレを集積させ、趣味をライフスキルへとステップアップできる実践場を拠点化する。

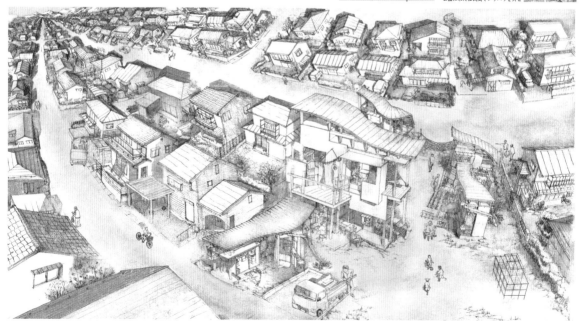

趣味やスキルを用いて住民自らが更新し進化していく団地

福田　日本古来の集落には、住人全員で環境の代謝スピードと呼応した住まいを築いていく仕組みがありました。この関係性が現代において翻訳された時、行きたいと思える地方像が存続するのではないでしょうか。そこで私は、現代の集落たる住宅団地で、住み手自らの手には負えなくなっていく空間を、セカンドキャリアを築くための場所へ更新し、団地という環境でモノとコトを連動させていく建築の姿を現代版の集落再生として提案します。

対象敷地となる長野市若槻団地には、退職後の高齢者が集い、住宅の群で閉ざされた住空間が広がっています。そのような団地において、住民が生活を共有する必要な場所こそ公園です。団地開発と同時に計画された26カ所の公園は、等間隔で分布し公共機能が取り付く、住民生活が延長された場です。

本計画では、生活拠点となる公園を高齢者の徒歩圏300mの間隔で8カ所決定し、団地のミクロな生活共有単位、公園住区を構築します。次に拠点の機能について説明します。公民館でのサークル活動を中心とした趣味活動の盛んな現在の団地に、趣味を少しでも稼ぐことや発信する活動につなげるための場で

ある住民の離れを公園に新設します。離れは月極で借りることができ、借り手は少ない初期投資で、生活の場と近いところで自分の活動を発信できるようになります。

次に、構築方法です。私はスケッチにより、再生期から数十年が経過して手つかずになってゆく団地の個人空間を分析し、空間の解体を進めることで、拠点に集められる解体材をリストアップしました。それらを住民の持つ構築スキルと掛け合わせることで、離れの住民間で思い思いに関係を空間化するツール・使いこなしへと解体材の読み替えを行いました。例えば、使いこなしツール・壁机は、不揃いな板材をつなぎ合わせて大きな1枚の壁にしてクランプに取付け、店を開くときには大きな1つの机になる、領域拡張ツールとなります。このように、住民それぞれが空間に作用するツールを持ち、その使いこなしが、それぞれの目的に沿って構築行為を誘発する、空間性を応用した木造の隙間空間を設計することで、そこに取り付かれていきます。

対象敷地1では、バス停が付帯し、通過動線としても利用される公園の特性に沿って、離れと材を加工・貯蓄する工房を設計します。たとえば、離れ・古本図

書館では、使いこなしで共有と接続のボキャブラリーを纏い、公園から住民が駆け上がってきて学びを共有する、のどかな場所を提供しています。他の離れでも、それぞれが持つ、趣味やスキルを思い思いに発揮し、担い手にも使い手にもなり得る、公共の場を団地の中で組み立てていきます。こうして、自身のスキルを媒介に、団地住民の共同関係と団地における空間更新を連動させていく新たな循環の仕組みが、進化の先を見失っていた団地を、未来へ向かう1つの共同体に変えていく。その姿が現代における集落再生の姿になると信じ、本設計を提案します。

藤村　ランゲージ系のアプローチをする作品やバラックのような再構成をする作品もたくさんあったけれど、断面詳細を見るとわかるように、きちんと設計しているところが1番よかったです。パタン・ランゲージ系で設計している人はほぼ屋根が架けられていないですが、福田さんは屋根を架けていることから、きちんとストラクチャーがあります。屋根を見ると設計しているかどうかがわかります。

手塚　屋根は大事ですね。

藤村　「屋根の家」（設計：手塚建築研究所）を設計している手塚先生が言うと説得力がありますね（笑）。

計画道路の計画
―― 「かつて」と「これから」を結ぶ 30 年間のデザイン

敷地：南小岩　用途：公共建築　面積：―　構造：木造・S造　階層：―

10 選
大野賞

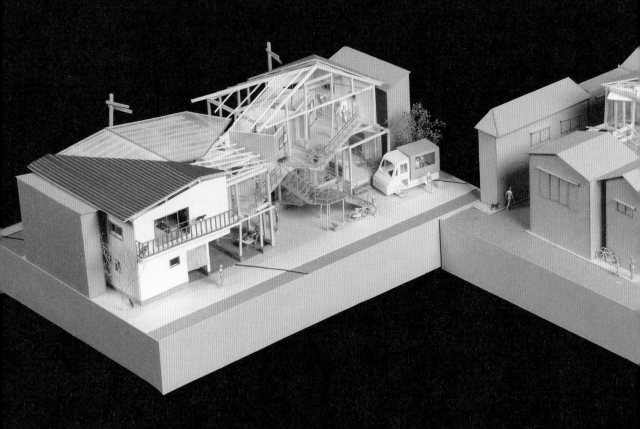

町が変わっていく時間に対して、そこを使う人間のライフスパンはあまりにも短い。この計画は事業化された計画道路に対して、用地取得を終えて取り壊されてしまう住宅と30～40年間町に点在してしまう空地を、PFI制度を用いて公共施設に転換することで、一時的に失われてしまう町の活気や暮らしを地域住民に還元させる計画である。
道路が開通した後は切り離され、その場所に残りそれぞれの土地が持っていた場所の記憶を示し続ける。

小野塚 裕
Yu Onozuka

芝浦工業大学 建築学部 建築学科
原田真宏研究室

Planning / making	5カ月／4週間
Next	早稲田大学大学院古谷誠章研究室
Inspiration	『セヴェラルネス＋事物連鎖と都市・建築・人間』
	（中谷礼仁）
Favorite architecture	—
Software	—

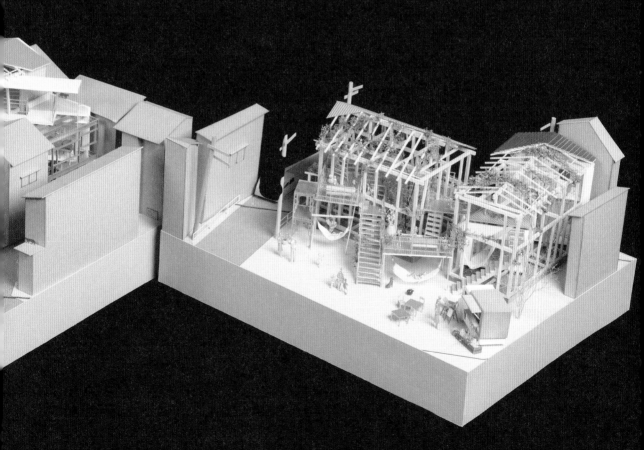

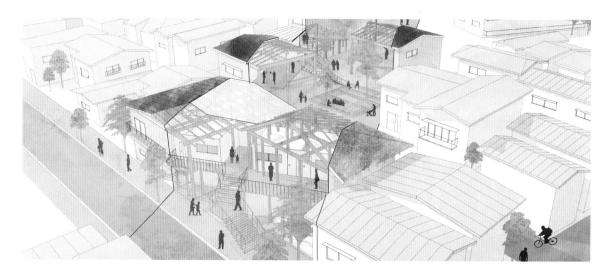

1. 提案

PFI 制度を利用した空地の活用と
変化を馴染ませる建築。

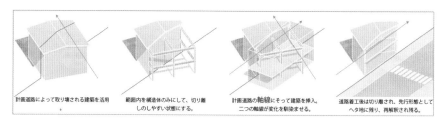

計画道路によって取り壊される建築を活用

範囲内を構造体のみにして、切り離
しのしやすい状態にする。

計画道路の軸線にそって建築を挿入。
二つの軸線が変化を馴染ませる。

道路着工後は切り離され、先行形態として
ヘタ地に残り、再解釈され残る。

2. 設計

プログラム：
仮設期間 ／ ホステル・食貨・シェアオフィス・ランドリー
道路開通後 ／ バス停・アルベルゴ・ディフーゾ

プログラム：
仮設期間 ／ アトリエ・ギャラリー・レンタルスペース
道路開通後 ／ ストリートアート・まちかど図書館

プログラム：
仮設期間 ／ 立体公園・カフェ・花屋・眼屋
道路開通後 ／ ポケットパーク・カフェ

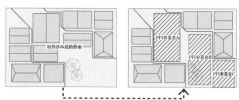

募った事業者に事業用借地権を用いて一括で土地や公共運営、
管理を委託する。

町の活動拠点として循環しながら還元されていく

上／立体公園部を見る　下／
既存建築と新設部の境界

段階的な再開発で都市と建築が混ざり合い馴染む

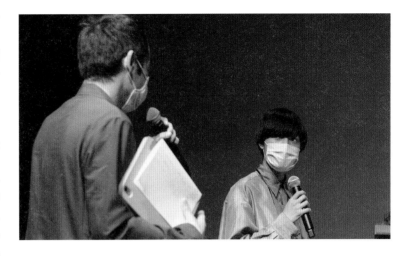

小野塚　背景です。東京都江戸川区南小岩。鉄道利用不便地帯である、この場所は令和2年に計画年数15年の計画道路が認可されました。道路拡張や新設される計画道路の果たす役割は大きい一方で、既存街区建築の取り壊し、そこに住む住人の立ち退きなど、さまざまな問題が生じ、今後、南小岩の暮らしは大きく変化していくことが考えられます。

　問題です。事業認可された計画道路は立ち退き可能な敷地から用地取得が行われ、街区ごとに工事が始まります。しかし、まばらに買い取られた土地のほとんどはフェンスが貼られ立ち入り禁止となり、いつ着工していいかわからないまま、数十年の間を空地として放置されます。江戸川区の事業期間延伸状況から他の計画との比較を行い、今回の対象敷地である285号線は、おおよそ30年から40年近くの計画期間が想定されることがわかりました。人生の半分を終えるほどの膨大な時間である40年の間、街に点在する空地は住民たちにとって大きな問題といえます。

　提案です。「PFI制度を利用した用地の活用と変化をなじませる建築」として、本来、計画道路によって取り壊されてしまう建築と空地となってしまう敷地、発生してしまうヘタ地を公共的な空間として転用します。計画を行う江戸川区は、用地取得を終えた敷地に対してPFI事業社を募り、事業用借地権を用いて一括で委託することで、本来活用されることのなかった敷地を少ないコストで活用

することが可能となります。

　手法です。取り壊されてしまう建築の計画範囲内を構造体のみにし、即座に解体、切り離しが行える状態にします。そして構造体に計画道路の軸線に沿って建築物を挿入し、2つの軸線を重ね合わせることで、未来の道路の風景を連想させます。道路着工は切り離され、既存の文脈を受け継ぎながら新たな機能として活用されます。

　設計です。設計は計画初期の風景として敷地の特徴やヒアリングから3つを選定しました。今回はその中の1つを紹介します。設計1。1列に並ぶ建築が建つ街区。この街区は計画道路によって分断され、街の構造が大きく変化してしまいます。分断される土地の仕組みに対して反転させるように建築を接続させ、一体だったという場所の記憶を強調させます。道路開通後はバス停となり、上りと下りの対応関係がかつて1つだったという、過去を連想させる先行形態としてヘタ地に残ります。機能は、東側にスタートアップ企業たちのシェアオフィスを、西側にはホテルのエントランスやロビー、食堂を配置しています。2階にはホテルの居室と住民が利用するコインランドリーがあり、さまざまな人たちが交

わる場所として、この建築は活用されます。街に点在する建築たちは、計画道路の用地取得を終えた土地から手が加えられていき道路全体へと広がっていきます。ゆくゆくは1本の道のようになり、急に街が変わるのではなく、段階的に街が変化していくことで、そこを使う住民たちに都市の変化に慣れていくような風景を想像させます。

津川　プライベート性の強い住宅地に、公共のインフラのストラクチャーを貫通させて「個」から「公」に急に移る再開発よりも、一度、周辺環境に貢献できるような資材に転換してからインフラに昇華することで、周辺の地域のあり方に馴染ませるスローな再開発の仕方として、公共貢献の乏しい日本にとって今後の可能性につながるものを感じています。入れる機能については慎重になったほうがいいのではないかとは思います。

手さぐりの寸法
──環境をはかる身体

敷地：京都市宝が池公園　用途：東屋／パビリオン　面積：計5,000㎡　構造：RC造　階層：1階

10選
中川賞

48

豊永 嵩晴
Takaharu Toyonaga

京都大学 工学部 建築学科
神吉紀世子研究室

Planning / making	4カ月／1カ月
Next	東京大学大学院千葉学研究室
Inspiration	『アフェクトゥス（情動）―生の外側に触れる』
	（西井 涼子、箭内 匡）
Favorite architecture	豊島美術館
Software	Rhinoceros、Photoshop

京都市宝が池公園ランニングコース上に、3つの薄い屋根の建築をつくる。目によって環境をはかる、足を通して環境をはかる、自ら動くことで環境が異なるように捉えられる。1周を歩くなかで、「動き」と環境がいかに連動しているかを体感する。その連動する関係は、『身体磁場』という概念で語ることができる。動きに伴って形成される領域であり、動きのかたちと意識方向の組み合わせで定義するものである。この身体磁場をもとに、寸法のあり方を探る。

1. 設計

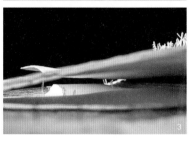

1／structure C「動きが測り、図る環境」。歩き方、座り方、とるポジションによって景色の演出が変わったり居心地がよかったり。自分が動くことでいかに環境が違って感じられるかを体感する　2／structure A「めはこびがはかる」。遠くの景色によって視線が操作される。当初進もうとしていた道筋から次々に逸れていく体験の中で、目を通して環境との距離感をいかにはかっているかを実感する　3／structure B「あしはこびがはかる」。床の微妙な凹凸に対して足裏が順応する。傾きに沿って歩きやすい道筋を選んだり、踏ん張るようにして歩いたり。足を通していかに環境を調べているかを実感する

2. 提案

京都市左京区に位置する「宝が池公園」のランニングコース。1周1,500 mのルート上で、人の意識がどの方向に働き、その結果、人はどう動いているか。自身の歩行体験から分析し、止まって佇む人を▲で、動いている人を▲と、その軌跡によって表現している。このコースでは、遠くの景色が移り変わるのに付随して、思わず立ち止まる瞬間がたびたびある。つまり、「遠景の存在が動きに影響を与える」仕組みが、1本のルート上に組み込まれている。「国立京都国際会館」という大きな存在をキーオブジェクトとして、遠景を利用しながら意識方向と足元の傾斜を設計する。「歩く／座る／走る／etc.」という動き、その動きの機微が、環境の捉え方と連動している。また、動きと環境の関係を次章のように分析し、『身体磁場』という概念を考える。

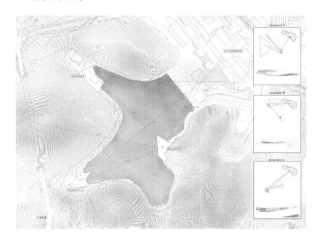

3. 身体磁場

動きのかたち　　　　　動きの意識方向　　　　『身体磁場』

人が動く時、周りにその人の領域のようなものができている。1つには、その動作の軌跡、あるいはふり幅が「動きのかたち」として見えているからである。そしてもう1つ、「領域」を形成しているもののうちには、「意識の方向性」のようなものが含まれている。たとえば人と人がすれ違うシチュエーションを考える。ぶつからずに回避できるのは、まず少し離れた位置に相手が見えた時点で、相手と自分との関係をはかっており、その上で腕のふり幅や肩の揺れ、足の運び方が調整できているからである。この時、互いの「領域」がかみ合うことで衝突が避けられている。「動きのかたち」と「動きの意識方向」で構成されるこの「領域」を『身体磁場』と呼ぶ。

身体と環境を接続させた建築で身体の寸法を探る

豊永　僕は建築の形というか、寸法をどのようにすれば自信を持って決定できるかというテーマから始めました。その中でも、人の動きに着目して寸法を探っていきます。

Suggestion1では、身体磁場の概念を考えました。それは人が動く時に周りにできている領域のようなもので、歩いている人を型取った軌跡のようなものに加え、何を向いて歩いているかという動きに伴う意識の方向を組み合わせたものです。歩いている人、座っている人といったさまざまな動きに対して、まず身体磁場を絵に起こしました。白い部分が身体磁場に該当する空間です。

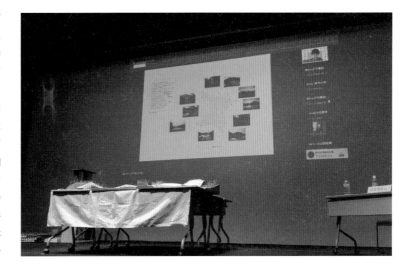

Suggestion2では、それを立体化して型取っていけば、しっくりくる寸法になるのではないかと考えましたが、もっと周囲の環境と自分の動きのバランスを取るようなものがいいだろうと思い、最終的に京都市の宝が池の周りを囲うランニングコース上に、3つの薄い屋根の東屋というかパビリオンのような建築をつくることを考えました。

structure A「めはこびがはかる」では、周囲の景色に対して視線が操作されま

す。例えばA6では、狭い屋根の建築から外に出てパッと振り返ると、上下に開けた空間が、その人の身体磁場として、領域として獲得されるということを考えています。そのために周囲の山や国際会館に対して、自分がいる始点とどのように結ばれているかということから設計を考えていきました。

structure B「あしはこびがはかる」では、床の微妙な傾斜に対して少し踏ん張って歩かないといけないため、足の裏の

感覚や足の動かし方によって空間を捉えるというのを感じる場所です。

structure AとBでは、いずれも環境から自分への刺激に対して、自分が反応するようなものを考えましたが、structure C「動きが測り、図る環境」では、それ以上に自分がどう動くか次第で環境の意味合いが変わってくるものを考えました。たとえば、自分が座るか歩くかで環境の意味合いが変わるとか、自分がどちらの方向から歩くかで景色の演出が変わるとか、そういう場所になっています。

これらの3つの建築を1周のコース上で連続して体験していくことで、最終的に自分の動きと周りの環境がどのように連動しているかを感じられる場所になっています。

中川　建築を意味で語る人が多いですが、最近は卒業設計もそのようなことを多く感じるのですが、この提案は環境と身体をどうやって関係付けていくかという根源的な問題をあえて今やろうとしている姿勢がいいと思いました。

手塚　意外と綺麗な模型で、鋳物に見えるようにつくっているのが偉いですね。

職藝と建築

敷地：京都府与謝郡与謝野町　用途：幼老複合施設　面積：4,480㎡　構造：木造（一部集成材ラーメン）　階層：6階

10選
南後賞

私の家業は家具屋であり、幼少より職人という職能に魅せられてきた。本提案は丹後ちりめんが栄えた小吉織物を題材に、職人と建築家の関係について再考し、職人と建築家が対話し職人がつくり上げたものを建築家がつなぎとめ建築として成立させる。建築家がいわば「かすがい」のような関係となる『職藝』というシステムを提案し、地域に在住する職人を巻き込みリノベーションを行うことで丹後と移住者をつなぐネットワークを形成する。

有吉 慶太
Keita Ariyoshi

立命館大学 理工学部 建築都市デザイン学科
宗本晋作研究室

Planning / making	3カ月／2週間
Next	神戸大学大学院光嶋裕介研究室
Inspiration	両親、宗本晋作
Favorite architecture	凱風館
Software	Rhinoceros、Photoshop、Illustrator、Procreate

1. 敷地

敷地は京都府丹後地方の与謝野町岩滝である。丹後地方は、絹織物の丹後ちりめんをはじめ、ものづくりが盛んだったが、1900年代後半から丹後ちりめんの産業が衰退し、現在は高齢者1人の住宅や空き家が多いという現状がある。

2. 提案

本来建築に関わらない職人も巻き込む。職人が行った建築的操作に対し、次の職人がつくる。全体像ができあがれば、建築家である私が調整する。

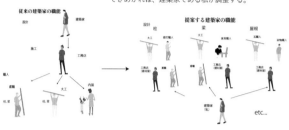

3. 職藝の実験

実際に小吉織物の廃材を使い、実家の家具職人と対話しながら制作した作品。「卒業制作で使うもの」という言葉を頼りに、案とディテールなどの部分は職人主体で行い、出来た全体像に対して私が調整役となる「かすがい」のような立場となる。これに可能性を感じ、地域の職人も建築に介在する余白があるのではと考えた。

ARIA FACTRY HOME
（実家の家具職人）大道くん

×

私（建築家）

4. 職人との対話

丹後に在住する職人16名と対話したことで、丹後に魅力的な人たちがいること、素敵なものづくりがされていることを知った。

5. 設計手法

200年以上、丹後ちりめんを織り続けた小吉織物も5年前に廃業し、一帯が空き家となり解体される。その解体をクリエイティブな行為として捉え直す。

6. プログラム

01 求心提灯柱

02. 中間梁的家具

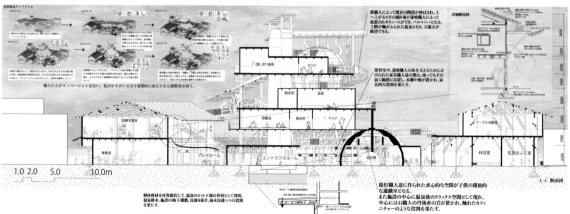

家具職人と建築家の技術の融合で丹後を再興させる

有吉　私の実家の家業は家具屋です。幼少より職人という職能に憧れて育ってきました。しかし現代の建設業界において、職人は意見が反映されづらいという状況にあります。そういう建築家と職人の関係に疑問を抱いたのが、本案の始まりです。敷地は京都府丹後地方の与謝野町岩滝。与謝野町では、丹後ちりめんという絹織物を中心に職人の町として栄えましたが、現在は、丹後ちりめんは衰退して解体される空き家も多く、かつてのような活気はなくなっています。そこから、地元が小さくなり、なくなっていく感覚を覚えました。

　これらを踏まえた提案について話します。丹後ちりめんで200年以上栄えた、小吉織物も今は空き家となり、解体される建築の1つです。建築専門以外の職人も巻き込み、建築家の私が、職人のつくったものを建築として成立させる「職藝」というシステムを用いて小吉織物をリノベーションすることで、丹後に人のつながりを生むことを目的としました。模型の隣にある作品は、小吉織物の廃材を使い、実家の家具職人の方と対話しなが

ら実際につくりあげました。これに可能性を感じ、地域の職人の方々の建築に介在する余白があるのではないかと考えました。

　設計手法としては、小吉織物を所有する小室さんと対話を行い、小吉織物に愛着のある部分だけを残し、それ以外をモノのスケールまで解体します。さらに、丹後に在住している職人16名に話を伺い、この解体された材をどのように蘇らせることができるか、どのような建築的操作ができるかを対話しながら設計しました。躯体の小吉織物に肉付けするように、職人さんの技によってリノベーションされ、それを建築家である私によって全体像が整えられていきます。こうして、温泉という機能を持つ"幼老複合施設"が立ち現れます。

　提灯職人によってつくられた空間が子どもたちの開放的な遊戯室となり、鉄職人によって伸ばされた階段を上に登ると、踊り場が漆喰職人によって拡張されており、さらに、大工によってボリュームができ、その温泉から天橋立を眺望できます。このように、既存の小吉織物とは違う空間が職人によって生み出されます。

また、使えない廃材は、バーやバス停などのパビリオンとして丹後に散りばめられ、丹後ちりめんの歴史が丹後に散らばっていきます。

　この建築を建てることにより丹後に人のつながりが生まれ、また、職藝というシステムが全国で転用されることで、丹後に移住するきっかけが増え、この建築が定住時の緩衝材のようになることを望みます。職人さんにこれらの作品を見せに行ってからが、この卒業設計の始まりだと思っています。

南後　職藝というシステムをつくることを通じて建築家は何をするのか。全体像を整えるのでしょうが、その整え方を聞きたかったです。また、家具職人の方と対話しながらつくったという実寸模型もありましたが、その補足説明もお願いします。

色の変化と距離感に関する実験記録

敷地：明治大学生田キャンパス学生会館Gallery　用途：住空間を想定した展示　面積：30㎡　構造：一　階層：1階

10選

私たちは色の本当の価値に気付けているだろうか。色は「見る者」がつくり出す現象であり、見る時、状況、その人によって変化するものである。変化する色は、固有の色が起こす心理的効果にとどまらない可能性を秘めているのではないだろうか。

実験を経てつくった、色が変化する床面を用いて複雑な領域性をもつ空間を設計し、色が変化する空間の中における人と人との距離感を考える。実大スケールの展示による検証を行った。

鵜川 友里香
Yurika Ukawa

明治大学 理工学部 建築学科
構法計画研究室

Planning / making	10カ月／1カ月
Next	明治大学大学院構法計画研究室
Inspiration	色・空の色の変化
Favorite architecture	千鳥文化・真鶴出版2号店・MIA MIA
Software	Rhinoceros、Illustrator、Photoshop、Lightroom Classic

ID:0211

色の変化と距離感に関する実験記録

1. 色を考える

色が空間に及ぼす影響は大きい。しかし、私たちは色の本当の価値に気付けているだろうか。色は、「見る者」がつくり出す現象であり、見る時、状況、その人によって変化するものである。変化する色は、固有の色が起こす心理的効果にとどまらない可能性を秘めているのではないだろうか。変化する色の現象をつくり出し、空間に適用する実験を行った。

2. 変化する色に関する実験と考察

変化する色についてさまざまな実験を行ったところ、面を塗り分けることで視点により色が変化するモデルをつくることができることがわかった。さらに、より色の変化が顕著だった四角錐モデルを使って実験を行った。色と四角錐モデルを使い、1つの空間の中に複数の「知覚する空間」をつくる。四角錐モデルを使うことで空間の色が視点によってさまざまなパターンを映し、知覚する空間を実際の空間以上に増やすことができる。

塗り方のパターン

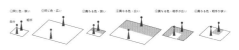

自分側からの見え方と、相手側からの見え方は必ずしも一致しない。組合せによって、自分側と相手側が同じ距離感を感じられる空間も、異なる距離感を感じられる空間もつくることができる。

3. 実空間での展示による検証

実空間における1／1スケールの展示を行った。視点によって、また移動によって色が変化する床面を作成し、既存の空間の中に設置し、体験してもらう。実際に体験した結果、他人との距離をどのように感じられたか体験者にアンケートを取り、その結果を分析した。

平面計画

記録写真

四角錐塗り分け図

この展示のアンケートから、色がはっきりと分かれているのか、違う色だが徐々に変わっているのかで領域感の感じ方が変わること、また、相手の居る領域と自分の居る領域の間にいくつの領域と色があるかどうかで感じる領域が異なることと、それらの重要性が判明した。

4. 空間化への実験

断面を考えることによってレベル差で領域が分けられるが、そこに変化する色を適用すると、領域が違うことを強調したり、逆に、違うレベルでも同じ色にすることでレベル差による領域感を緩和したりできる。

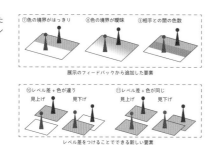

新たに追加された
塗り方のパターン

⑦色の境界がはっきり　⑧色の境界が曖昧　⑨相手との間の色数

展示のフィードバックから追加した要素

⑩レベル差＋色が違う　　　⑪レベル差＋色が同じ
見上げ　見下げ　　　見上げ　見下げ

レベル差をつけることでできる新しい要素

5. レベル差も考えた空間設計

建築空間への活用に近づけるための設計を行う。展示と同規模（30㎡）で計画した。床面から +400㎜、+800㎜、+1,000㎜のレベル差のある床面を追加し、色を塗分けた。用途は考えず、できるだけ多くのパターンが現れるように計画した。

各視点からの見え方

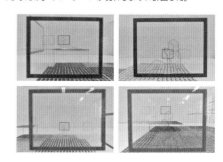

色の濃淡や置き方を用いた新たなコミュニケーションツールの可能性

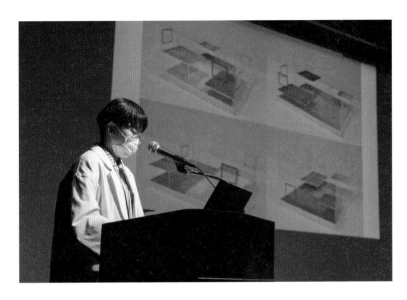

鵜川　私たちは色の本当の価値に気付けているでしょうか。色は見るものがつくり出す現象であり、見る時の状況や見る人によって変化します。建築空間における色は、出来上がった空間に対して後から当てはめるものという印象があります。しかし、その当てはめる色は数値によって固定された色ばかりで、色が現象であることを念頭に置いていないように感じます。そこで私は、色の変化を用いて空間をつくると何ができるのかを考えました。

　まず、わかりやすく色が変化する現象をつくるためにさまざまな実験をし、四角錐の塗り分けにより顕著な色の変化をつくり出すことができるとわかりました。この四角錐モデルは色を変化させるだけでなく、4つのプランを1つに統合し、視点によって見る色を変えられるという特徴を持ちます。これにより、1つの空間に異なる知覚する空間をつくることができます。その特徴は、距離感の問題に活用できると考えました。自分の見ている自分のいる場所と、相手の見ている自分のいる場所が違えば距離感の感じ方も変わってくるはずです。色の違いと色の領域の大きさを組み合わせ、さまざまな知覚する空間と距離感をつくっていきます。

　検証です。実空間における展示を行いました。四角錐のそれぞれの色面を塗り分けることで、見る方向によって見える領域の変わる空間をつくっていきます。2人暮らしのワンルームを想定して展示空間を計画しましたが、互いの見え方が違うことで、相手が1人でいたいか一緒にいたいかといったことがわかるうえ、気持ちがすれ違う時にも両方の気持ちを両立させるような距離感や空間をつくれるのではないかと考えています。

　この展示を通して、時間と塗り方に関する新しい発見がありました。展示に初めて来た人にとっては、空間の知覚が難しく混乱してしまった一方で、長時間この空間にいた私は自分の見られ方をわかった上で場所を選択できるようになりました。初めてか慣れているかで、色の変化する空間での体験は全く別のものになることが新しい発見でした。

　手法に関しては、色がはっきり分かれているか、はっきりは分かれていないか、相手との間に挟む色数などでも距離感が操作されることがわかりました。そこからさらに空間化を目指して断面に展開する実験も行いました。検証結果と断面に展開した実験から、さらに塗り方のパターンを増やし、展示と同じ規模の空間を再設計しました。レベル差によって高さ方向にも距離感が生まれますが、色が同じか違うか、また、どのように色が変化するかによって、離れていてもグルーピングされているように感じられ、さらに複雑な距離感を扱えるようになります。

　今回の実験を通して、四角錐の塗り分けによる色の変化から、距離感や空間を考えることができましたが、これは色の可能性の一端に過ぎないと考えています。色をただ付いているものと単純に捉えるのではなく、変化するものという前提で考えていくことで、新たな空間の可能性を発見できるのではないでしょうか。

原田　1つの空間の中に4つのプランが重なる面白さもあるけれど、この仕組みを予め知っていることで自分がどのように見られているかを理解し、相手との関係をデザインすることもできますよね。それが相互にできる。そういった新しいコミュニケーションの手法だということですね。研究的なデザインだと思うので、これが建築になった時にどうやって活用されていくかを聞きたいです。

2章　審査

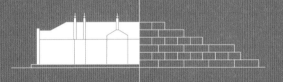

最終審査会

審査員

審査員長

手塚 貴晴
Tezuka Takaharu

1964年	東京都生まれ
1987年	武蔵工業大学卒業
1990年	ペンシルベニア大学大学院修士課程修了
1990-1994年	リチャード・ロジャース・パートナーシップ・ロンドン勤務
1994年	手塚建築研究所（1997年に手塚建築企画より改称）を 手塚由比と共同設立
1996年	武蔵工業大学（現、東京都市大学）専任講師
2003年	武蔵工業大学准教授
2009年-	東京都市大学教授

大野 博史
Hirofumi Ohno

1974年	大分県生まれ
1997年	日本大学卒業
2000年	日本大学大学院修士課程修了
2000-2004年	池田昌弘建築研究所勤務
2005年	オーノJAPAN設立

クマ タイチ
Taichi Kuma

1985年	東京都生まれ
2014年	シュツットガルト大学マスターコース修了
2016年	東京大学大学院博士課程修了
2017-2020年	SHoP Architects勤務
2021年	TAILAND設立

津川 恵理
Eri Tsugawa

1989年	兵庫県生まれ
2013年	京都工芸繊維大学卒業
2015年	早稲田大学大学院修士課程修了
2015-2018年	組織設計事務所勤務
2018-2019年	文化庁新進芸術家海外研修員として Diller Scofidio+Renfro勤務
2019年	ALTEMY代表として独立

午前の一次審査を経て、8名の審査員により最終審査へ進む10選を選出。
10選に絞るためのディスカッションが白熱し、二次審査の開始が予定より遅れた分、
出展者も来場者もどのような議論が交わされるか期待も最高潮に。
2022年度の卒業設計を締めくくるにふさわしい、ライブ感あふれる審査に、
ファイナリストも審査員も緊張をはらんだ展開の連続です！

南後 由和
Yoshikazu Nango

1979年	大阪府生まれ
2002年	神戸大学文学部哲学科社会学専修卒業
2004年	東京大学大学院学際情報学府修士課程修了
2008年	東京大学大学院学際情報学府博士課程単位取得退学
2008-2011年	東京大学大学院情報学環助教
2011-2012年	東京大学大学院情報学環特任講師
2012-2017年	明治大学情報コミュニケーション学部専任講師
2017-2018年	デルフト工科大学客員研究員
2017-	明治大学情報コミュニケーション学部准教授
2018-2019年	コロンビア大学客員研究員
2019年	UCL客員研究員

中川 エリカ
Erika Nakagawa

1983年	東京都生まれ
2005年	横浜国立大学卒業
2007年	東京藝術大学大学院修士課程修了
2007-2014年	オンデザイン勤務
2014年	中川エリカ建築設計事務所設立

原田 真宏
Masahiro Harada

1973年	静岡県生まれ
1997年	芝浦工業大学大学院修士課程修了
1997-2000年	隈研吾建築都市設計事務所勤務
2001-2002年	文化庁芸術家海外派遣研修制度にて J.A.M.LAPENA & ELIAS TORRES Architects所属
2003年	磯崎新アトリエ勤務
2004年	MOUNT FUJI ARCHITECTS STUDIOを原田麻魚と共同設立
2008年	芝浦工業大学准教授
2016年-	芝浦工業大学教授

藤村 龍至
Ryuji Fujimura

1976年	東京都生まれ
2005年	RFA（2016年に藤村龍至建築設計事務所より改称）設立
2008年	東京工業大学大学院博士課程単位取得退学
2010年-	東洋大学専任講師
2016年-	東京藝術大学准教授
2017年-	アーバンデザインセンター大宮（UDCO）副センター長 ／ディレクター、鳩山町コミュニティ・マルシェ総合ディレクター

最終ディスカッション

手塚　投票する時間もないので、まずは1等賞を推すつもりで、審査員の方々に気になった作品を一人ずつ話していただこうと思います。1番悩んでいそうな大野さんから始めましょうか。質問しながらでも構いません。

大野　「計画道路の計画」は、私も気付けていないところがいくつかありました。たとえば計画道路は、できる前と後の提案になりがちだけれど、本作品は出来る過程に何十年もかかるので、その過程で何かを提案しようとしているのが感じられました。そのため、次のステップについて説明して欲しいです。もう一つは、1つの建物として構造的に成立していたものを切断するのだから、それに対する構造的なアプローチがあれば説明してください。

小野塚　現在の骨組みの状態では、構造的なアプローチに筋交いを入れることしか考えていませんが、道路が出来上がって切られた際には、新しく鉄骨や違う部材を加えて、建物として独立させ残していくことを考えています。

大野　これらの3つの提案は、一つの例として出していますよね。その3つから先はどう考えていますか？

小野塚　今は一つひとつが単品のようになっていますが、ゆくゆくは土地が売られることで、同じような建築ばかり道沿いに出来ていく。最初は1つずつ変な形になりますが、徐々に出来ていくことで、さらに道路の軸線に沿ってスラブを差していくことで、急に道路がボンと出来るのではなく、道路の軸線の建築を使って馴染むように都市が変化していく——。

手塚　時間がないので質疑はここまで。次の方へ。

津川　豊永さんに質問です。やっていることとやりたいことは非常によくわかったし、あまりにも恣意的というかドローイングのみで設計を進められたようなところがあったので、ある意味、出来上がった造形は評価できるかもしれないと思いました。ただ、何をもとに曲率や曲面を設計しているかを、言語レベルでも構わ

ないので説明していただきたいです。

豊永　曲率に関しては、基本的に歩くルートなので、微妙な傾斜のみを使おうと思っていました。全体のサイズとしては、宝が池という場所の特徴として遠くの景色がダイナミックに変わっていくというのがあり、どうしても景色を利用するにあたって少し大きめの間口が必要なため、このように微妙な傾斜で薄くて広い建築になっています。

津川　実際に敷地に赴いてリサーチをして、自分の身体を通して出てきた風景や周辺環境などのあり方を造形化したということですか？

豊永　そうですね。よく歩いていた場所なので、自分がどちらを向いて歩いていたか、どこで立ち止まっていたかをもとにつくりました。

津川　設計者である豊永さんの身体に落とし込まれている環境言語を造形化したということでしょうか？

豊永　そうですね。僕の主観というか、僕が見た要素が大きかったと思います。それも1つのアウトプットとしており、今回の卒業設計のゴールとしていました。

津川　なるほど。

手塚　では、藤村さん。

藤村　偶然ではありますが、私の評価として、舞台上に並んでいる模型において右側は評価が高く、左は評価が低いです（右端の後列から前列に向かって「転生するシンボル」「都市を停める」「色の変化と距離感に関する実験記録」、右から2列目の後列から前列に向かって「神楽の降下橋」「現代版集落再生」「手さぐりの寸法」、右から3列目の後列から「水トノ共生作法」「身体が紡ぐ芸術と劇場空間」、左端の後列から前列に向かって「職藝と建築」「計画道路の計画」）。理由としては、寸法がしっかりできていない模型、マテリアルがきちんとできていない模型など、とにかく設計していない模型は気になります。植栽の表現でスケールの合っていないドライフラワーを使っている人などは、だいたいスケールが合っていなくて、しっかり設計していないパターンが多いです。だから、絵を描くように模型をつくっている人たちは少し疑

わしい。「職藝と建築」は実寸でつくったものは廃材を使っているからいいですが、「水トノ共生作法」は設計が全然できていません。「手さぐりの寸法」はスタイロとジェッソ、紙粘土でつくっていてコンクリートのシェル構造になっていません。「身体が紡ぐ芸術と劇場空間」も雰囲気的には形ができているけれど、建築のつくり方ではできていません。そのような理由から、舞台の左側は雰囲気模型になってしまっているけれど、右側はきちんと設計されています。「計画道路の計画」も雰囲気模型に見えるけれど、矩計があるので、ストラクチャーがきちんと設計されていないかもしれないですが、部分の寸法はしっかりできているので見られますね。「都市を停める」は寸法が少し怪しく、雰囲気模型だと思います。昨今のレーザーカッターは、部材をとても細く切れるので細かい表現ができるのだけれど、よく見るとトラスの角が合っていないところがあるので、少し微妙だと思っ

「神楽の降下橋」の模型

ています。「転生するシンボル」は非常に外連味が<ruby>懸念味<rt>けれんみ</rt></ruby>がたっぷりで、一見大味なシンボル操作をしているけれど、三面図がきちんとあり、ストラクチャーを生かして形をつくっているのが伝わってきます。この作品に、私はとても共感しました。そういう意味では、「神楽の降下橋」も怪しいところがたくさんあり、足場をかけないと架構ができないなど、いろいろありますが、建築のつくり方できちんと構成しているので見られると思っています。そのため、私は「現代版集落再生」「神楽の降下橋」「転生するシンボル」を推したいです。

手塚 では、南後さん。

南後 僕は偶然になりますが、午前で推した3作品がすべて残っていました。「職藝と建築」「水トノ共生作法」「都市を停める」。「職藝と建築」に関しては、"職藝"というこれまでの建築家の職能を刷新し、職人と建築家の関係性を再構成するという話だと思いますが、その建築家の立ち位置というか全体像を整えていく

時にどう設定したのかを聞きたかったのと、最初にコメントしたように、左にある実寸模型の説明をして欲しいです。

有吉 僕は建築家の職能について深く考え、建築家が設計し、家具屋の人が提案し、建築家がルールをつくるという仕組みをつくりました。職人との対話を通し、このようなものがつくれるというのを表しています。たとえば、家具屋、鉄職人、建材屋で120×150mの梁で建築的操作ができるのではないかと提案し、それを機能に合わせてどこに配置するかを決めるのが建築家という、プロトタイプを考えました。1分の1の模型は実験的な形ですが、卒業設計でも使えるものをテーマに家具職人の方が案を出してくれました。それをつくっていくなかで、全体的にL字型にするといった提案は僕がしました。

南後 卒業設計の段階で"職藝"の実践をしたというか、職人とインタラクションをし、フィードバックをしながらつくった

ということですか？

有吉 はい。

南後 僕の評価基準として1つめは、社会学者の立場から、社会の単なる翻訳ではなく、建築を通して見えてくる社会のあり方や建築を通して立ち上がってくる社会の姿が垣間見えるものを評価しました。2つめは、優等生的な問題解決というよりは、愚直なプロセスや野蛮な想像力を経た問題発見型のもの。そして3つめは、建築の枠組みを拡張しているか、その後の発展や伸び代があるか。最後は、展覧会形式のため、僕たち審査員は限られた時間で瞬時に読み取らないといけないので、建築の伝達の仕方の工夫をどのようにしているのか。これら4つの総合的な評価で、先ほどの3つの作品を選びました。

手塚 次は原田さん。

原田 僕が関わっている学生の作品があるので（「転生するシンボル」「計画道路の計画」）、それらは点数も入れないよ

「計画道路の計画」への質疑に応える小野塚裕さん

うにしたいと思います。評価しようとしているものの尺度の話をすると、卒業設計ではあるけれど"卒業設計ゲーム"はして欲しくない。卒業設計展をよく研究して、評価されるようにつくった作品には全く魅力を感じません。つくれない設計をするわけだから、ビジョンを見出すというか、自身がいる意味のようなものが建築に込められている作品を評価したい。僕が評価した作品を3つ言うと、「身体が紡ぐ芸術と劇場空間」「色の変化と距離感に関する実験記録」「神楽の降下橋」です。この3つは面白い。そのうちの2つに質問したいと思います。「神楽の降下橋」について。一般的に橋は対岸に渡るためのものですが、この橋は下に降りていく、谷の底に降りていく。神話的な意味や神楽的な意味合いが大切だと思うからこそ、それについて追加の説明はありませんか？

谷口　神話の舞台として天の浮橋という橋があり、その橋から天孫降臨の神々は地に舞い降りることから、この橋より降りていくことを意味として重ねています。また、神様を数える際に1柱、2柱と呼ぶことから、舞台に柱をたくさんつけることで、下の舞台から精神的支柱として街全

体を支えるという意味が込められています。これらの理由から降下する舞台になっています。

原田　降下していくというのは、神楽が降りるのですか、それとも観光客が降りるのですか？　神楽の場合は、演劇場を見る人はどのように味わうのでしょうか？

谷口　神楽自体を見るものではなく舞うものとして設計しています。周りにはかっぽ酒を飲む人もいて、周りで楽しく見ながら一夜通して行われるため、ずっと見ているわけではなく、周りの人も含め、神楽で舞っている人と神々が舞い遊ぶ場所となっています。

原田　わかりました。次に「色の変化と距離感に関する実験記録」は、建築になった時にどのような効果を与えますか？

鵜川　私が見てみたいのは、住空間で人がどのように居場所を選択するようになるのか、距離感をどのように選択するようになるのかです。正直、2日間しか展示ができなかったので検証しきれなかった部分はありますが、そこは見てみたいと思っています。大空間でも少し考えていたのですが、この床面を利用するなら、ワンルーム空間のほうが床面に広がった際に効果を発揮するだろうと思いました。

図書館などの屋外のもっと広い公園などに置くと、よく来る人たちにとっては自分の居心地のよい場所を選べるものになり、初めて来た人にはこれで楽しめるのではないかと思っています。

原田　いる場所によって他者に自分の気持ちを理解してもらえるようになり、複合的な機能の話にも展開性があるように思います。

クマ　101選を選ぶ前から、ユーザーにフォーカスし、自分が建築家や調整役として介入する案がいくつかあったように思います。10選にも2作品ほどありますが、アプローチとしては面白いのだろうけれど、なんとなく、ユーザーが設計に介入したからこその面白さがあまり出ていないような気がします。そのあたりを今後どうしていくのかは個人的には楽しみです。一方で、僕が選んだ作品は「水トノ共生作法」しか入っていませんが、水や土などを扱っており、今の社会問題に形で答えようとしているような作品です。それ以外に選んだ作品は、スケール的に大味なものが多かったので残っていないのでしょうが、今後も社会問題に形で応えようとしている作品に注目していきたいと思っています。「水トノ共生作法」は、

自分のルーツや原体験、昔からのシステムを建築化しているのはとても面白いと思いますが、実際にこれだけの建築物をつくるとなったら、どういう景色の中でカバタを含めて利用されますか？

饗庭　この建築には川上と川下の関係があり、川上で水を使う人は湖岸道路から訪れるビワイチのライダーや湖岸道路を通るツーリスト、琵琶湖で釣りをしに船を出しに来ている人です。一方で、川下にあたるカバタを使っている人は地域住民や生業をしている人、具体的には漁業をしている人や農業をしている人です。これがカバタである必要性としては、外部の人と地域住民を関わらせるコミュニティをつくることに、僕は常に疑問を感じているからです。僕は知らない人に声をかけないし、コミュニケーション能力が高いわけでもないですが、カバタを介した水により、川下の人を思って水を使う、川上の人を信頼して水を使うという、とても柔らかくて優しい一種のコミュニケーションツールが成り立っていると思っています。それを意識して全体を構成しています。

クマ　少し情緒的だと思います。これほどの規模の建築をつくるとなると、もう少し具体的なプログラムを提案したほうが良いと思います。

饗庭　具体的な用途で言いますと、川上では休憩所や宿泊施設が用意され、一方で川下には農業の加工場や漁業の加工場、その間に直売所のようなものが展開されています。

手塚　では、中川さん。

中川　最近の卒業設計コンクールを拝見していると、意味が先に立ち過ぎているものが多いと感じています。つまり、問題解決型の提案が非常に多いということです。でも私たちは、建築家になりたい人をこのような場では推したいので、できれば、自分で問題をつくっている人を推したいです。いろいろなテーマの作品があるなかで、その人が言っている意味を一旦脇に置き、評価できるものかどうかを重視して今回すべての作品を見ていました。私が推したい作品は2つあり、「手さぐりの寸法」「神楽の降下橋」です。

3つ選ぶということでしたので、もう一つ推すとしたら一次審査では推していませんでしたが、「転生するシンボル」です。「手さぐりの寸法」は少し援護射撃をしたいです。津川さんより、作家個人の身体感覚に寄り過ぎているのではないかという批評を受けていたと思いますが、身体を頼りに環境の中で建築をつくる際に、基本的に身体の寸法は変わらないので、あったとしても30cm程度の差のため、身体を頼りに設計する時点で、ある程度個人の感覚を超えて普遍的なものを目指そうとする問題意識ではないかと私は感じました。そこが推しているポイントです。「神楽の降下橋」は、橋や神楽としてだけでなく、この地方における地域センターや集会所としてもあるべきと言っているように感じられ、面白いし新しいと感じたため、一次審査から推しています。「転生するシンボル」はアイロニーなのかと思っていたのですが、プレゼンを聞くなかで、意外と本気で取り組んでいるのだと思いました（笑）。解体して一度意味をなくし、ものとして見てみる姿勢を感じたことから、3つを選ぶなら以上の3作品だと思って推しています。

最優秀賞を決める投票

手塚　それでは、残念ながら非常に時間がないため、いきなり最優秀賞を選ぶ投票をしようと思います。私としても、中川さんが話された、"問題を解く人ではなく、問題をつくる人を選びたい"です。つまり、将来のリーダーです。今の有名な建築家たちを見ると、妹島和世さんでも伊東豊雄さんでも問題をつくりまくっていますよね。将来を背負って立つ人を選びたい。それでは、審査員のみなさん、1つだけ選んでください。

「職藝と建築」
「転生するシンボル」2票（手塚・藤村）
「色の変化と距離感に関する実験記録」
「手さぐりの寸法」1票（中川）
「水トノ共生作法」2票（大野・クマ）
「身体が紡ぐ芸術と劇場空間」1票（原田）
「現代版集落再生」

「都市を停める」2票（津川・南後）
「神楽の降下橋」
「計画道路の計画」

手塚　1票の作品は、申し訳ないですが、選考から外していこうと思います。「手さぐりの寸法」に投票した中川さんが、どうしてもこれを1等賞に希望しない限り、選考から外しますが、いかがでしょうか？

中川　そうであれば中川賞を差し上げますので構いません。

手塚　次に、「身体が紡ぐ芸術と劇場空間」に投票した原田さん。

原田　残念ですが、原田賞にします。私と中川さんは亡命したいと思っています。僕の亡命先は「神楽の降下橋」です。

手塚　では、政治的に動かしていくことにしましょう。

中川　私も「神楽の降下橋」に票を移します。

「職藝と建築」
「転生するシンボル」2票（手塚・藤村）
「色の変化と距離感に関する実験記録」
「手さぐりの寸法」
「水トノ共生作法」2票（大野・クマ）
「身体が紡ぐ芸術と劇場空間」
「現代版集落再生」
「都市を停める」2票（津川・南後）
「神楽の降下橋」2票（中川・原田）
「計画道路の計画」

手塚　2票の作品が4つ並びましたね。私も変えていいですか？ 実は非常に悩みました。みなさん驚くでしょうが、私も「神楽の降下橋」に移動してみようと思います（笑）。「転生するシンボル」はとても好きです。私が絶対にできない、東京タワーを半分に切るという馬鹿げたことをやっている（笑）。しかも、そこにたくさん人が集まると、非常に真面目に考えているんです。プレゼンもものすごく優秀で、彼の作品を採用したいと思われてしまうけれど、出来上がるのは嫌ですね。ただ、卒業設計としては断トツで好きです。一方で「神楽の降下橋」に関しては、2つの村をつなぐ話を聞いた時に、歴史の継承や建築に対する夢など、いろいろなこと

が詰まっていることに気が付いてしまい、それに気付いてから気持ちが動いてしまいました。

「職藝と建築」
「転生するシンボル」1票（藤村）
「色の変化と距離感に関する実験記録」
「手さぐりの寸法」
「水トノ共生作法」2票（大野・クマ）
「身体が紡ぐ芸術と劇場空間」
「現代版集落再生」
「都市を停める」2票（津川・南後）
「神楽の降下橋」3票（手塚・中川・原田）
「計画道路の計画」

手塚　私が裏切ったせいで、「転生するシンボル」は1票になりました。藤村さんはどうしますか？
藤村　「転生するシンボル」は歴史的には2等になる作品だと思います。レム・コールハースのラ・ヴィレット公園設計競技の案のように、歴史に残る作品は2等というポジションがあります。
津川　本人は1等を取りたいと思いますよ（笑）。
手塚　でも藤村さんは、彼は将来のコールハースだと。
藤村　そうです。だから1等ではなくてもいいと思う。1等は……。
手塚　「神楽の降下橋」ですか？
藤村　そうですね（笑）。

「職藝と建築」
「転生するシンボル」
「色の変化と距離感に関する実験記録」
「手さぐりの寸法」
「水トノ共生作法」2票（大野・クマ）
「身体が紡ぐ芸術と劇場空間」
「現代版集落再生」
「都市を停める」2票（津川・南後）
「神楽の降下橋」4票（手塚・中川・原田・藤村）
「計画道路の計画」

津川　最初の投票では「神楽の降下橋」に1票も入っていなかったのに（笑）。
手塚　津川さん、怒っていますね（笑）。
津川　怒りますよ（笑）。自分が推してい

る「都市を停める」について話すと、世界の変化のなかで、このように可変していく建築は立体駐車場以外にも出てくると思います。一見、スケルトンインフィルの仮設的な、少し表層的な提案に見えるかもしれませんが、彼女の口から語ってもらいたい深みがあると思います。この建築は何年単位で仮設的に動いていくと、彼女はとらえているのか。この提案の深みについて、プレゼンに入っていない部分もあれば聞きたいです。
新美　今回のプレゼンは、2050年までの提案になっています。津川先生のおっしゃる通り、立体駐車場をストラクチャーとしてとらえて仮設物を入れていくという簡単な操作ですが、建築家がこのようなにぎわう場所をつくるというよりは、建築家が最初にある意味システムのようなものをつくってあげて、その先にどういった空間が欲しいなどは市民などがつくっていくと考えています。今回は敷地周辺で建て替えがあるので、それにあわせて変化していく建築という、一番のベースを私がつくれたらと思って設計しました。
津川　それだと、逆に弱くなってしまうように感じます。設計者は何をするのかという話になってしまう。すみません、応援演説のつもりだったのですが——。
藤村　もう少しマニフェストっぽく、現代の公共空間は仮設でないとありえないと言ったほうがいいと思います。周りに合わせるとか、市民のみなさんとかではなく、現代の公共空間はどこに本設としてありえるのですかと言わないと——。
手塚　助けになっていません（笑）。
藤村　でも、そういうことだと思います。
手塚　そのあたりは彼女に言わせないと。南後さんはいかがですか？
南後　タイトルは「都市を停める」ですが、厳密に言うと、常に一時停止の状態をつくっているというか、要は、建築は社会の状態を加速させることも減速させることも方向を変えることもできるという、その3つを全部できるくらいのインパクトがあれば。
藤村　我々は『錯乱のニューヨーク』（レム・コールハース著，筑摩書房）のコールハースのように、勝手にマニフェストし

てあげているのです（笑）。だから、悪く思わないで聞いて欲しいのですが、"停止する"というのは非常に面白いのです。加速主義という資本主義の動きを加速させるべく技術を用いようという社会の動きがあり、一部の建築家はそれに加担しているけれど、この作品は逆にストップさせようとしている。でも、「神楽の降下橋」と「都市を停める」のどちらが公共性を持っているかを考えると、実は私は揺らいでいます。ただ、「都市を停める」は強い。マニフェストが足りなかった。
手塚　そうですね。商品とするなら、この中では一番役に立つと思います。彼女に頼んだら、きっちりリサーチしてつくってくれると思う。でも、若干予想通りのものになるでしょうね。「転生するシンボル」の安藤さんに頼んだら大変だろうけれど、破天荒な作品が好きなので、建築家として何を見るかですね。
津川　クマさんはどう思われますか？
クマ　「神楽の降下橋」についてですか？でも、僕がどこに移っても「神楽の降下橋」はすでに4票で最優秀賞が当確しているかと思います。
手塚　ひっくり返すとしたら、他の2票の作品に移動するか、自分の2票の作品に呼び寄せるかしかないです。もしくは「神楽の降下橋」が最優秀賞で納得できるかどうかですね。
クマ　そういう意味では、納得していません（笑）。2つをつなぐという話は綺麗ですし、僕が投票した「水トノ共生作法」に通じるルーツの話があり、つくることに意味があると思いますが、なぜこの形なのかが全然わかりませんでした。審査時にも話しましたが、2022年の現代になぜこのような形になったのかという説明がないため、腑に落ちていません。
大野　僕も「水トノ共生作法」を推しています。でも、どちらかというと「水トノ共生作法」と「都市を停める」は同列くらいで、「神楽の降下橋」は外していました。理由の1つとして、橋のつくり方に必然性がないこと。神楽と関係しているのは、ぶら下げていることくらいしかないので、そこをもう少し詳しく説明してくれると良かったです。木でブリッジを架けるのは

得票数を説明しつつ、審査と進行の両方を行う手塚貴晴氏

相当無理した架け方になるけれど、方法としては間違えていません。ただ、これは西洋の橋の架け方です。木造で昔ながらの木の橋を架ける方法を考え、さらに自分の中でブラッシュアップした結果として出来上がった架け方だというのが伝わってこなかったので推せなかったです。

手塚　それは非常に高いハードルですね（笑）。

大野　クマさんが言ったように、どうしてこの形になったのか、説明しないといけない。

藤村　神社の神話性に助けられているところが多分にあるため、我々が批判的に見ないといけませんが、他方で、神社の意匠を公共性として取り戻すというのは悪くない提案です。神社には国粋主義の歴史があるから、日本の戦後の歴史の中で神社は建築家にとってずっとタブーだったと思います。集落と民家はいいけれど、神社の意匠は、プロポなどでもあまり触れづらい雰囲気があります。でも、村の人や伝統の中において神社は公共空間としての伝統があるのに関われないのはおかしいという問題提起とするなら、現代の建築家も、もっと取り組まないといけないテーマだと私は思います。意匠

として見て、あるいは意匠のテーマとして見て、神社的な公共性をもう一度考え直すのは現代的かもしれないと思いました。

手塚　大野さんが構造としてもっと日本的なものがあるのではないかという話をしましたが、私も結構木造を設計するけれど、日本も火打金物があるし、日本は金物を使わないと言いながら、1000年以上も前の建物も金物で出来ていたりします。それからトラスの構造は日本の伝統としてもあります。やはり150年もあれば伝統にもなります。そういう意味では、現状の構造でもいいと思います。作品を選ぶうえで一番大きな要素は違和感があること。今、目の前にある作品すべて見たことがあるような気がするのです。でも、今回はこの中で2作品に違和感を覚えました。東京タワーを切るという馬鹿げたことをする人は今までいなかったのと、橋にぶら下げるような馬鹿げたことをする人もいませんでした。やはり、自分が見たこともないようなことをする人を尊敬するところが自分にはあると思います。私が妹島さんや伊東さんを見て尊敬できるのは、あの人たちの建築は自分にはできないからです。「手さぐりの寸法」は非常に優秀だけれど、少し既

視感があります。

原田　審査の中で製図室の外へ出た設計を見たいと話しましたが、見たことがないとか違和感があるなどは、とても大事なファクターです。「神楽の降下橋」は谷筋へとつながっていくランドスケープがありますよね。そこにシンメトリーな十字に見えるようなものが架かっている風景はいいだろうなと思ってしまう。そこに違和感がありつつも、新しい価値を示せるように見えて推しています。

クマ　室内化されているパースがありましたが、余計にいまひとつな作品に思えました。

藤村　そこは確かにそうですね。

クマ　神社の形態を日本から引用しているのはわかるのですが、少し説明不足ではないかな。だから、「神楽の降下橋」を最優秀賞にするくらいなら、「都市を停める」に移動しようと思います。

津川　違和感を評価するという、ある意味、未完成のものも評価軸に入れるスタンスは、私もそうありたいと思っています。ただ、「神楽の降下橋」は私にとって心地いい違和感ではありません。どちらかというと、新しい示唆を見出す批評性は「転生するシンボル」のほうがあります。

手塚　「転生するシンボル」を選ぶと、審査員としてお利口に感じますよね。この作品はとても良くできている。囲い込んでアリーナをつくるとか、少しへこんだところにプロジェクターがあるとか。意外と形をきちんと使っています。でも、やはり変わっていますが（笑）。それでは、まだいろいろ話としてはあると思うけれど、少なくとも最優秀賞・優秀賞の3作品は「転生するシンボル」「都市を停める」「神楽の降下橋」でいいですよね。この3作品で決定とします。審査員のみなさんの動向を見る限り、嫌いな人も多いけれど、今の状態なら「神楽の降下橋」が最優秀賞になると思います。ひっくり返すのは相当難しいと思います。

南後　クマさんと大野さんは「水トノ共生作法」ですよね。

手塚　2人とも移動します？ でも、申し訳ないけれど「都市を停める」が最優秀賞になるのには違和感を覚えます。今年の赤れんが卒業設計展の最優秀賞が、お利口さんな結果に収まって予見の中に入るような作品になるべきではないかなと思います。

原田　でも、とてもうまい設計だと思いますよ。目の付け所もいい。どこにでもあるストックを活用する手法を示し、全国で使えるようなものを提案している。仮設物を赤くして本設と分け、本設に責任を持っていいものをつくっているところも僕は評価しています。ただ、卒業設計展をたくさん見てきて、怖いと思う提案は今までなかったけれど、僕は「神楽の降下橋」が怖いです（笑）。

手塚　「神楽の降下橋」は怖いですね（笑）。

原田　神話の怖さを持っていて、それが違和感となって嫌われるのもわかります。

手塚　やはり憎まれっ子世に憚るではないけれど、それくらいないと。しかも、嫌われるだけではなく、下手だけれどよくやっています。一方で「転生するシンボル」は下手ウマですね。思い切って「転生するシンボル」に全員で移りますか（笑）？

藤村　それは面白い提案ですね（笑）。

手塚　全員が「転生するシンボル」に移れば、「神楽の降下橋」と「都市を停める」が引き分けとなり「転生するシンボル」が最優秀賞になります。「都市を停める」はさすがに選べないかな。

中川　「都市を停める」が最優秀賞になるなら、もう一度亡命して「転生するシンボル」に移ります（笑）。

藤村　そうしましょう。

中川　私は「神楽の降下橋」が最優秀賞でもいいと思いますが、それは駄目なのですか？

藤村　でも「神楽の降下橋」が駄目だという人の意見もわかります。完全に拮抗しているので、それならいっそ他の作品へ移動しても（笑）。

藤村　南後さんは、どうですか？

南後　「神楽の降下橋」と「転生するシンボル」なら後者ですね。「転生するシンボル」の模型を近くで見ると、例えばパブリックビューイングのようになっていて、野蛮さがありつつもしっかりつくられています。

手塚　BIGなどの野蛮さですよね。

津川　「神楽の降下橋」なら「転生するシンボル」がいいかな。

南後　そうですね。

クマ　一次審査ではまったく評価していませんでしたが、プレゼンを聞いて納得できるところがありました。ただ、構造部材として東京タワーを再利用するという読み解きをすると、模型については、一部ふざけ過ぎではと思うところがありますが（笑）。

藤村　そこについては、下に入っていき、トップライトとして象徴である東京タワーを使い直しています。埋まっているところはブリッジだそうです。

手塚　それでは、「転生するシンボル」が最優秀賞に決まりました。

総評

手塚　壇上にいる先生方を、みんなはとても遠い存在だと思っているけれど、実はそんなことはありません。ついこの間まで、自分たちも若者でした（笑）。君たちがこれから建築家となるうえで一番大事なことを教えます。一番大事なのは人付き合いです。気配りと段取り、それと絶対に諦めないこと。特に、付き合いが君たちの将来を開きます。ペンシルベニア大学へ留学時にレム・コールハースがスタジオを持っていて、彼に気に入られたと思ったので「またお会いしたいです」と言ったところ、「俺は有名過ぎるから無理だよ」と言われましたが、彼は本当に忙しくて来られずスタジオがなくなってしまいました。10年後くらいに展覧会で会った際に、その話をすると彼は「

受賞作品

最優秀賞	「転生するシンボル」	安藤尚哉
優秀賞	「神楽の降下橋」	谷口真寛
	「都市を停める」	新美志織
佳作・原田真宏賞	「身体が紡ぐ芸術と劇場空間」	永木伶奈
佳作	「水トノ共生作法」	饗庭優樹
	「現代版集落再生」	福田凱乃祐
10選・大野博史賞	「計画道路の計画」	小野塚裕
10選・中川エリカ賞	「手さぐりの寸法」	豊永嵩晴
10選・南後由和賞	「職藝と建築」	有吉慶太
10選	「色の変化と距離感に関する実験記録」	鵜川友里香

手塚貴晴賞	「見えない空間」	半澤諒
クマタイチ賞	「伝う」	先崎亜美
津川恵理賞	「生き生きとした一齣を繕う」	福與栄多
藤村龍至賞	「人は信号に支配されている」	佐藤可武人
オンライン賞	「第20次卸売市場整備計画」	小山大輝
来場者賞	「私小説『家』」	飯田夢

覚えているよ」と言いました。冗談だと思っていたら本気で言っていたようです（笑）。それから帰国してSDレビューに出展しました。審査員は妹島和世さん、内藤廣さん、坂本一成さん、高橋晶一さんで、出展日に台風が直撃し、会場に着いて車から模型を降ろした途端、強風で模型が飛んでバラバラになってびしょびしょに濡れたのを直して出展したところ、妹島さんに「汚いわね」と言われたけれど賞をもらえました（笑）。しばらく経った後に、「越後松之山『森の学校』キョロロ」でコンペを勝ち抜いた際は、審査員の妹島さんがやはり覚えていてくれました。それから数年後のコンペで「渋谷フクラス」を建てましたが、その審査は内藤廣さんでした。実は、これから高層ビルのプロジェクトがあるのですが、誰と一緒にやるかというと坂本一成さんです。SDレビュー出展時の審査員は、壇上にいる先生方より若かったのですが、さらにもっと若い世代に仕事を推薦してくれました。私も実は、渋谷の開発で次の世代の建築家を紹介しています。世の中はそのようにつながって成り立っています。だから、いつか自分の番が来ます。みんなも諦めないでください。今だけが大変だと思っているでしょうが、実は私たちの頃も大変でした。当時は、手塚の行く所はすべて貧乏になると言われていました（笑）。ペンシルベニア大学の留学時はアメリカが非常に貧乏な時で、その後にイギリスへ行きましたが、イギリスなら仕事があると言われていたけれどリーマンショックでいろいろなプロジェクトが潰れ、勤めていたリチャード・ロジャースの事務所の社員が減って30人くらいになってしまいました。そのような時も、「俺は空港と超高層建築をやるんだ」と言い続けました。「少なくとも、超高層はできるだろう」と。今は空港の仕事も少し動き始めています。今後、必ず君たちの時代が来ます。あともう一つ大事なことを言います。健康でいてください。長生きした人が勝ちです。いいものを食べて、とにかく体を壊さないようにして、頑張って建築家になってください。建築家はとてもいい仕事です。

質疑応答をする「水トノ共生作法」の饗庭優樹さん（上）と、質疑をするクマタイチ氏（下）

大野 普段は構造の設計事務所を運営しており、普段から一緒に仕事をしているのは隣に座っている手塚貴晴さんなので、みなさん、僕の苦労を感じられたのではないかと思います（笑）。みなさんも社会に出るとわかりますが、1人で建築をつくることはできず、必ず協力者を求めながらリーダーとしてみなさんが建築家として振舞っていくことになります。僕も卒業設計をやったのでよくわかりますが、卒業設計もやはり1人ではできず、必ず後輩の手伝いや、今回のような設計展なら運営する後輩たちがいて初めてできるのです。建築は1人ではつくれないというのをよく考え、自分が実際につくっていく時にはどうやって周りを巻き込んでいくのがいいか、それを今回の卒業設計を機会に考えて欲しいと思います。

クマ 受賞作品は場の雰囲気で決まっていくため、あまり結果に一喜一憂しな

いほうがいいと考えています。何か違和感をつくり出すのはいいと思いますが、私たちは建築家だから、社会に出たら説明することの重要性に直面します。今後は提案したものをきちんと説明することを意識するのがいいと思います。クマタイチ賞については、身体感覚に関する提案はいろいろあっても、説明が直感的なものが多くて伝わりづらかったのですが、先崎亜美さんの「伝う」は、高円寺で壁をシェアするという作品で、身体的感覚を家具や壁面に落とし込み、家具というもののスケールと高円寺の再開発に対してオルタナティブを提案していたことに、とても共感を覚えました。そのため、個人賞に選ばせていただきました。

津川 2020年から世の中がとても変化していて、今年も世界的に変化しています。時代的にポジティブなニュースが生まれづらいなかで、建築が社会から求め

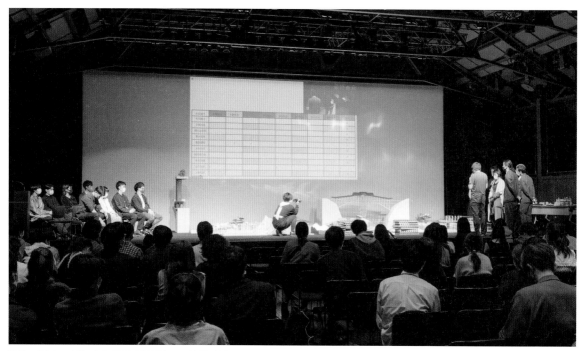

新型コロナウイルス対策のため、当日は事前予約者のみが会場で視聴できた

られていることは大きく変わっていくと思います。今日の審査員には、建築家として建築を設計して欲しいという思いの強い人たちが集まっているかもしれませんが、実際に若手で独立すると、正直、建築を設計する機会に恵まれない現状があります。しかしそのなかで、自身が大学で学んだ建築のバックグラウンドを持って、どうやって社会で生きていくかを考える必要があります。赤れんが卒業設計展に出展したみなさんは、何かしらの思いや、やりたいことがあると思います。一方で今日は、これも建築なのかと問いたくなったり、議論を巻き起こしたり、となるような拡張性や我々の思考を超えてしまうような新規性があるものに出会いたかったという思いは正直あります。そういう意味で、最優秀賞作品はそれを超えている部分はあったのかもしれない。既存のものを解体し利用してはいるけれど、形状としては残しており、ある意味我々の思考を超えてしまっている部分はあったのかもしれない。そして、みなさんは卒業したらそれで生きていかなければいけない、仕事をつくっていかなければならない世代だと思います。昔は待っていても仕事が来た時代がありましたが、

私たちの世代は自分で社会に仕掛けていき、つくっていかなければならない。そういう気持ちで建築を捉えた時に、自分は何ができるのか強い信念を持ってやって欲しいと思いました。それを感じた作品も10選に残っていたかなと思います。福與栄多さんの「生き生きとした一齣を繕う」を津川恵理賞に選んだ理由としては、表面的にはパタン・ランゲージのようで、ダイアグラムも模型も奇抜だったため、拒否反応が出てしまう部分もあったと思います。でも、彼が本当にやりたかったことは、設計者が建築をつくる時は人工物100％でつくるためにすでに完成している状態で、竣工と同時に死んでいるのと同義で廃れていくしかないけれど、そのような人為的な工作物と自然をどのパーセンテージで融合していくかを検討しようとしていました。その彼の姿勢に、これからの現代建築の行方を感じました。日本庭園や新潟の棚田、田んぼの風景などにも、それは存在しているのかもしれません。そこが日本のポテンシャルかもしれないという点に、これからの建築のあり方を示唆したかったのですが、バックアップができなかったので津川賞を授与しました。

中川　これほど最終決戦の票がライブで動く審査会もないのではないかという、大変スリリングな展開だったと思います。今日の審査のように、審査というのは水物で、審査員が変われば一変しますし、明日また同じメンバーで審査しても違う結果となる可能性もあります。だから、今回の評価が良い悪いということではなく、本日の議論を踏まえて、また自分自身で問題をつくっていただければと思います。今日の審査を見ていて、一時期の卒業設計の流れとまた少し変わってきているように感じています。居住に舞い戻ったり、神楽のようなもっと根本の問題に踏み込んだりとか、少しテーマが変わってきているのを感じられる機会となって面白かったです。

南後　社会学のものの考え方の一つとして、目の前にいない人の存在を踏まえた想像力が重要です。そういう点で言うと、たとえば優秀賞で選ばれた「都市を停める」は、立体駐車場の周辺で起こっている建て替え工事など、敷地から見えない出来事との関係性を紡いでいると考えられ、興味深かったです。一次審査で550以上のパネルから101選をまず選び、今日はさらに10選を選出しまし

審査員8名による総評

た。僕は審査員の中で唯一、建築の教育を受けてきていない人間なので、できるだけ幅広いものを選びました。たとえば、メタバース、ドローン、電気自動車など。みなさんは大学後半の2年間、オンライン授業がメインだった世代だと思います。そのこともあり、たとえば孤立の問題とか、あるいは距離の取り方の問題とか、みんなの間をどう紡いでいくのかなど、「いまここ」を生きるみなさんならではの作品を選ぶことを重視しました。それは、赤れんが卒業設計展にいらっしゃった人たちが、できるだけ建築の幅広さや可能性を楽しんでもらえたらいいなという思いを込めながら一次審査に携わったからです。その中でもう一つ、多くの人が地元に対してどう貢献するかといった、さまざまな提案を投げかけているのを心強く感じました。南後由和賞の有吉さんは実家が家具屋であることから、提案で終わるような卒業設計が多いなか、実際に16人くらいの職人にヒヤリングをしつつリサーチをし、自分の設計案をその人たちに一部見せて、もう一度フィードバックして全体の形を調整し、"職藝システム"を卒業設計の段階から実践しているのも心強かったです。僕はメディア論

などにも関心があり、最優秀賞の安藤さんに関しては、今の学生はテレビの世代ではないと思うので、ある意味、テレビ時代の破壊のモニュメントとしても見ることができました。このように、いろいろと触発される提案が多々あり、僕自身とても勉強になる会でした。

原田　受賞していない人も含め、きちんと卒業設計にトライした方々は価値のある半年や1年だったと思います。僕がデザインで一番大事だと思っていることは、わからないことと向き合うことです。"わからない"を"わかる"に変えた時や、"できない"を"できる"に変えた時に、デザインは魔力を持つと思います。そういう、もしかしたらできないかもしれないけれど、大切なものだから向き合ってみようとした方々の作品は、やはり心に響きました。最後まで選考に残って一番議論されただろう「神楽の降下橋」は、深沢七郎という文筆家の小説『楢山節考』を思い出させます。これは姨捨山のような話なのですが、深沢さんはそれほどインテリジェントなタイプではなく、とてもシリアスで深いテーマをポツポツと素朴に語っていくことで、ものすごい力を持ち、文壇に受け入れられて当時の文芸賞を総なめ

にしました。そのように、デザインの手つきとしてはまだまだですが、わからないけれども大切なことと向き合ったから、「神楽の降下橋」のデザインの手つきが素朴でも、みんなの心に引っかかったのだと思います。「転生するシンボル」もよくわからないものと向き合っていたんですね。東京、昭和、戦後の復興という巨大なシンボルが放つ空気感をずっと受け止め、その空中にあったものが自分の近くに来たら、すごい質量を持って迫ってくる。それは一体なんなのかということに向き合った。安藤さんも素朴な手つきがありますが、問題の設定の仕方は、おそらく今後も建築人生を通してずっと向き合っていくのだと思います。また、原田真宏賞の「身体が紡ぐ芸術と劇場空間」も説明が非常に難しい提案でした。ただ、振り子の軌跡で建築をつくることをひたすらやった作品で、この空間でサーカスを見てみたいと強く思いました。中の人間の行為と空間がしっかりと結び付き、動きもあって感動的な経験ができるだろうという想像ができました。もっとうまく説明できるようになると良いですね。最終的なところは、建築であり空間だろうと思います。そこを彼女は突き詰めて設

後列は審査員8名、前列とスクリーン参加が10選のメンバー

計してくれたことに僕は心を動かされて原田真宏賞にしました。そして最後に、みんなにもワールドクラスの建築をつくってもらいたいと思っているので、そういう視点を忘れず、これからも設計と向き合ってもらいたいです。

藤村　今日、このメンバーで審査させていただき、いろいろな学びがありました。手塚審査員長の快活というか豪快というか、大野さんの苦労が偲ばれるような進行で（笑）、非常にスリリングでした。審査員長に任せれば時間内に終わらせるという話でしたが、本当に終わらせました。その腕力というか、それも含めて楽しく審査させていただきました。それから中川さんから、審査は水物なので違うメンバーならまた違う結果になるという話がありましたが、私は、そうかもしれないけれどそうとも思えなくて、わりと必然だったように思っています。「転生するシンボル」は、1968年の磯崎新さんの"建築の解体"という言葉のように、磯崎的に建築を解体しようとしていました。右から左へと新築のプロジェクトがやってきて、どんどん構築的につくられていた当時と現在では異なり、減築やリノベーションといった空き地の暫定的な利用な

どは、1968年のヨーロッパや1970年代の日本の気運と、接続するところがあります。ただ、解体的な雰囲気と構築的な雰囲気や、現在の象徴性はなにかを問うとか、つまり「神楽の降下橋」は現代の新しい象徴性をつくるというように構築的である一方で、「都市を停める」は都市を停めることこそが建築だという主張であり、それら両方をヘーゲル的、弁証法的に体現したのは「転生のシンボル」ではないかと思いました。最初は批評的なポジションで、ロシアアヴァンギャルドのように2等になって輝くタイプかと思っていましたが、プレゼンを聞くなかで実は構築的な側面があることに気付いたとおっしゃる審査員がとても多かったように、私もなかなか構築的なプレゼンをしているのではないかと初見から印象が変わりました。そのような点から1等に選ばれたのかなと思っています。それから、みなさんの時代は、新しい象徴性や公共性を探すような構築的なこともやらなくてはいけないし、かつ、建築の置かれている立場は解体的で、隙間や時間を探すようになっているところもありますが、単純な理解に陥らないで欲しいです。昔は新築が多かったけれど今はリノベーショ

ンが主流だとか、新築の仕事がないから建築の職能を拡大すると言う人が多いですが、歴史的なパースペクティブで見ると、あくまで一時的な現象です。手塚さんと少し話したのですが、手塚さんがイギリスにいらした時代はアンビルドの時代で、ロン・ヘロンも、ピーター・クックもザハ・ハディッドも仕事がありませんでした。だけど、目の前の小さなものや動くものに着目したり、コールハースのように昔のニューヨークに着目したりして、それぞれの視点で建築的な思考を養っているうちに、時代の風向きが変わって一気に新築をつくる時代が来た。建築にはそういうところがあると思います。私の世代は氷河期で、往年のロンドンの人たちのようなところがありますが、おそらくまた風向きが、フィールドが変わってくると感じています。だから、みなさんも卒業設計の気分として、小さなものや動くもの、仮のものを考えようとしているかもしれませんが、それがすべてというように単純化した言説に向き合わないほうがいい。そういうことを今日は共有できたらうれしいです。

3章　特別企画

卒業設計をもっと知る I

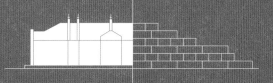

手塚 貴晴氏

**審査員として参加した感想を
教えてください。**

　審査員長として参加したけれど、やるものではないと思いました（笑）。でも、すごく楽しかったです。面白かったのは、最優秀賞になった「転生するシンボル」。東京タワーを切って並べるなんて無茶苦茶です。でもよく見ると、きちんとスペースをつくっています。指導教員（原田真宏氏）が良過ぎたせいか、そのあたりが上手く解けていました。卒業設計をする時に大事なことを言うと、卒業設計はマニュフェストでなくてはいけない。何をもって世の中に、君たちが問うか。それがものすごく大事。その点、「転生するシンボル」は新しい社会へ異議を唱えている。その手法が極めて強かった。きれいなものが勝つのではなく、何を伝えたいのか。建築をつくることではなく、建築がつくられることで世の中に何をできるかを考えて欲しい。優秀賞の「神楽の降下橋」はすごく好きです。できたらす

ごく良い建物になるし、歴史的背景や能舞台も、とてもよく解けています。実際に建てて欲しい。「都市を停める」は丁寧に分析している。これが最優秀賞になれなかったのは何故なのか。それは、論理を詰めて100点満点を取っても、突然120点を取る人が現れます。しかも彼らは間違えが多い。だけど、現時点で正しいと思っていることが、未来にとって正しいこととは限らない。未来を見る時には、バックミラーを見て運転してはいけない。「都市を停める」はすごく頑張っているけれど、バックミラーを見過ぎている。でも間違ってはおらず、現時点で1番優秀な作品になっています。最優秀・優秀賞の3名の中で1番優秀で、世の中に役立つ人でもある。しかし今回のように突然、規格外な人が出てきてすべてを掻っ攫ってしまうことがある。だから気を付けてくださいと彼女に伝えてください（笑）。今年は面白い作品がたくさんありました。

**自身の卒業設計は
どのようなものでしたか？**

　今の新宿髙島屋の敷地に、多様性のある空間が生まれるか、というもの。すごく綺麗なドローイングをつくり、面白い空間を詰めるだけ詰めました。そして、髙松伸さんがスーパースターで、みんなが憧れて同じような絵を描いていました。当時は、空間がどういうものかを、とても丁寧に手で描いていました。今の学生たちは手で描かずコンピューターを利用するため、手描きのプロセスで気付く機会を失っています。私の事務所も、全部手で描いて模型をつくって、それからCGやドローイングをやっています。例えば楕円の形にした「ふじようちえん」（手塚建築研究所／2007年）は、手描きで何度も形をつくったけれど、敷地にいざ入れると、どうしても入りませんでした。理由は、コンピューターで描ける楕円にする予定でしたが、手で描いたためコンピューターよりも複雑な味が生まれていた

卒業設計のパース

から。模型でつくってからCGにして中に入ると、CGだけでは気付けないことに気付けます。一方で、CGではないと確認できないこともある。模型には模型の、スケッチにはスケッチの役割があるのです。

手塚貴晴賞（半澤諒「見えない空間」）の選考理由を教えてください。

手塚賞は、私が学生の時に1番やりたかったことをしています。建築として純粋な力とは何か、それをスタディしたかった。でも、そういうのは世の中で相手にされない。彼も賞を取れなかったですよね。私の場合は、相手にされないのではと怖くてできなかった。でも、彼は実行に移してずっと光だけを考えている。正直羨ましかったです。実物をつくる時は同様のことをよくやります。例えば「番町教会」（手塚建築研究所／2018年）も、模型にひたすら頭を突っ込んで、どうやって光が入るか検討しています。当たり前のことをみんなはやらないけれど、これはすごく大事なことです。建築は、合理性を突き詰めた先にあります。合理的につくるのは誰にでもできるから、その人にしかできないものをつくるべき。「番町教会」も6カ月かけて56mの絵を描きました。この光を入れるために延々と無限に模型をつくりました。最終的には、これをやりたいという意思が作品を支えます。総合点としては高くないですが、この意思が建築家には最も大事な素質なので、彼の作品を選びました。

副賞の本（『手塚貴晴＋手塚由比建築カタログ』）を選んだ理由と、本を通して伝えたいことは？

文章をたくさん読んで欲しいです。昔から文章魔で、今でも毎週3,000字くらい書いています。書くことで自分を整理できます。そして文章では、ものをつくるのが大事ではなく、世の中を幸せに変えていけるかが大事だと伝えています。建築をつくることで、人間にとってより良い未来をつくることが大事。建築は快適さや平和をもたらし、もしかしたら戦争を止めるかもしれない。本書が、文章をたくさん読むきっかけになればと思います。

建築学生に向けて、学生時代に意識して欲しいことを教えてください。

世の中において固定観念に縛られるのは間違っています。たとえば、軒の深さ90cmくらいだと思っていること。でも、もっと深いものもあります。木造は弱いから鉄骨を入れないといけないと思っている。それも間違い。それらの間違いは実物を見ることで気付けます。そして、理解するコツは良いものを見ること。最近、私が見て良かったのは西芳寺です。すべての木があるべき所にあり、水も苔の間を流れており、数百年を経て一度も澱むことがない。すべての美学が一つの方程式にまとまり、風土をつくっている。1000年かかる風土を数百年でつくってしまう、素晴らしい功績ですね。これを超える現代の庭は一つもない。いずれ君たちもそのすごさがわかると思います。大人になってわかるものの最高峰が西芳寺です。一方で世界にも良い建築がたくさんあるので、そういうものも見て欲しいです。ただ、雑誌に載っているファッショナブルな建築だけを良い建築だと思わないで欲しい。良い建築は、最低でも10年以上経ってわかるのです。本当に良い建築は50年経ってわかる。国宝になるのは100年以上かかる。それを君たちにつくって欲しい。

学生時代に意識していたことや大切にしていたことは？

学生時代はとてもハングリーで、人のことなんて考えていませんでした。毎日、

上／西芳寺（手塚貴晴氏撮影）　下／学生時代に仲良い友人たちと

自転車で走っていました。けれど建築を始めてから、天才でありたいと思いました。今でも覚えているのは、同級生に天才がいました。彼は静かで、つくるものが限りなく美しかった。ただ、彼は早世してしまった。そうでなければ稀代の建築家になっていたでしょう。私は彼と同級生で幸せでした。彼をどう超えるか。同学年では彼だけを見ていましたが、彼から教わったことはとても大きい。私が得意だったのは人の話を聞くことです。みんなにも学んで欲しいのは、先生に言われたことを自分で一度掴んでから、先生の言ったことを自分が言ったかのように話すこと。先生の言ったことを一つも逃さない。自分の中にたくさんの自分をつくるのです。あと、内藤廣さんから学ぶことも多かったです。「とらや赤坂店」（内藤廣建築設計事務所／2018年）を見た時は、ディテールを真似したくなりました。学生もそうあるべきです。全部消化して真似しても、まったく同じものにはなりませんが、だんだん良くなってくる。私はそうして多くの人から成り立っています。

大野 博史氏

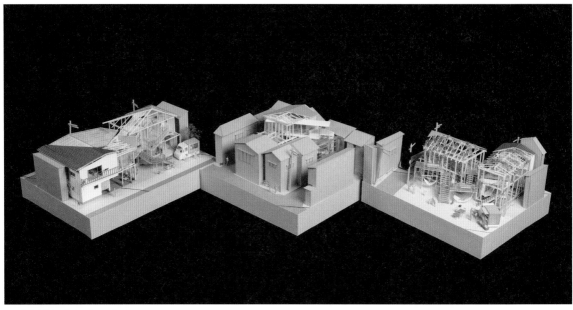

大野博史賞「計画道路の計画」の模型

大野博史賞
(小野塚裕「計画道路の計画」)の
選考理由を教えてください。

　いわゆる都市計画道路に面する敷地の提案ですね。計画道路に面する場所は、道路が拡幅されるため、都市の変化がそのまま表れる興味深い場所です。そういった都市の活動の変化を体現する場所として、たとえば渋谷の街区の一つをまるまる卒業設計で計画する案もありますが、この提案では、賑わいのある街ではない都市計画道路上に位置している家々が都市計画の一部として改変され始めるのが面白いと感じました。道路が拡幅される、つまり交通量が増加し都市の活性化を担うものに道路が改変される時、通り沿いの街区の準備が一切なく、土地を明け渡すしかないのが現実ですが、その変化の過程を提案しているところを評価しています。公開審査の段階で一部スケールアウトした植栽がリアリティの欠如と取られる場面もありましたが、一方でこの提案は既存構造物の

読み解きがとてもしっかりしており架構に対するリアリティを感じる案だと思いました。おそらく手に入らない図面が多々あったと思うけれど、架構をしっかり意識し、半ば暴力的ではあるけれど、その架構を残し、あるいは改変して場の力に対してスクラップアンドビルドではない提案をしているのが案の特徴ではないでしょうか。都市計画的な巨視的な視点で決められる計画道路に対し、周辺地域と一つの家という微視的な視点が混在し提案されている。少し残念なのは時系列と提案の相関が見えてこなかったことです。このような場所は長いスパンで開発が進むので、時系列をきちんと整理してそれに応じた提案としてわかりやすく説明するとより評価されたのではないかと思います。

自身の卒業設計は
どのようなものでしたか?

　大学院までは計画系の研究室に所属していましたので卒業設計も、修士設計

もしています。卒業設計でのテーマは都市におけるマイノリティのための文化施設として図書館を取り上げました。東京・浅草に昔からある「花やしき」という遊園地に図書館をつくるというものです。浅草は、江戸城から見ると鬼門に位置し、いわゆる寺社仏閣が多く配置され、相撲や歌舞伎小屋、見せ物小屋などが位置し文化が発展した場所でもありました。現在でもその名残りはあり、浅草寺仲見世通り近くの裏手に花やしきはあります。図書館を配置するにあたって歴史的な背景も考慮し、いわゆるみんなのための図書館というよりはマイノリティのための文化図書館であり、日本語だけでなく多国籍言語の書籍を集めた図書館をつくる提案をしました。卒業設計ではこれまでの設計課題のように敷地が与えられていないので、その敷地選びから提案が始まります。自分のテーマに沿った敷地を選定し納得のいく提案に結びつけていけるようみなさんには頑張っていただきたいです。

"構造設計はものとダイレクトにつながるのが面白い"

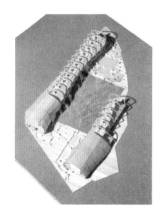

卒業設計の模型

どのような経緯で
構造家を志すことになったのですか？

　きっかけはいくつかあります。一つは、雑誌『建築文化』(彰国社／2004年12月号をもって休刊)の「モダン・ストラクチュアの冒険」という特集に出合ったことです。近代以降の土木と建築を含む歴史的な建造物の特集で、ロベール・マイヤールが設計した「ザルギナトーベル橋」が掲載されていました。ページを開くとそこには渓谷にかかる美しいプロポーションの橋の写真が1ページを占めるように掲載されており、その美しさもさることながら、解説を読むと構造や施工によってこの形がつくられていることが書かれ、驚かされました。大学の授業で習う3ヒンジアーチでできている橋とあり、いかに構造が形に影響を与えているかを再認識するきっかけになりました。

　もう一つは修士2年に聴講した「建築家と構造家」という講演会がきっかけになっています。建築家に西沢立衛さんと佐藤光彦さん、構造家に池田昌弘さんとアラン・バーデンさんが登壇されました。「ウィークエンドハウス」(西沢立衛建築設計事務所／1998年)の構造設計を担当したのがアラン・バーデンさんで、「梅ヶ丘の住宅」(佐藤光彦建築設計事務所／1998年)の構造設計を担当したのが池田さんでした。一つの作品を、建築家と構造家のそれぞれの視点から解説いただく大変珍しいレクチャーでした。私は意匠設計に興味があったので建築家の話を聞きに行きましたが、西沢さんも佐藤さんも話が面白いけれど、それ以上に構造家の話が面白かったのです。何が私の心に響いたかというと、構造家の話にはそれぞれ具体的でわかりやすい問題とそれを解決する手段が提案されていることでした。時として建築家の話は抽象的になりますが、構造家の話はものの話にダイレクトにつながります。そこに非常に驚きました。提案を0から考えるのは建築家ですが、彼らが考えたものを、より良い提案にする立場として構造設計者がいるのをその時に初めて知りました。構造家の役割は、計算をして安全性を保証するだけだと思っていたら、建築家が考えた案をより良くできる専門家であり、形に影響を与えるという意味で、提案そのものに関与する設計者なのだと。0から産み出すよりも、すでにあるものをより良くする仕事が自分には合っているのではないかと思い始め、就職時に池田さんの事務所の門を叩きました。

仕事の際にはどういう点を
意識していますか、また副賞として
選んだ書籍(『構造設計プロセス図集』)
について教えてください。

　建築家によって進め方が異なりますが多くの場合は、会話の中で案が絞り込まれていきます。こちらの提案通りになることはほとんどなく、構造の提案をもとに案が再検討・更新され、それに対して改めて構造の提案をします。その繰り返しで案が決まっていくので、その都度提案する内容やそれまで提案した内容との相関には気を付けています。最終的には建築家が案を決定するので、選択肢が広がるようにいくつか案を出すことを心がけ1つしか方法がないようには思わせないよう気を付けています。詳細は、副賞の『構造設計プロセス図集』を読んでください。この本は、私が大学院2年の時に気付いたことを、他の学生たちにも早く知って欲しいという想いから選びました。構造設計者は計算のみをするのではなく、場合によってはものの形を決めるくらいの提案もしています。それは設計のプロセスの中で行われますが、そのプロセスに立ち会わないとわからないですよね。建築の雑誌を見ても建築の最終形の解説しか載っていないので、構造設計者がどれだけ建築の形に影響を与えているかがわかりづらい。でも、本書は設計のプロセスしか載せていないので、建築家とのやり取りが見えてきます。デザインに興味のある学生の中には、構造設計のほうが合う人もいるかもしれないので、それに気付ける機会としてこの本を選んでいます。

構造が建築の形状に影響を与えた「新島の森 新島学園短期大学講堂」(手塚建築研究所／2020年)

79

クマ タイチ氏

審査員として参加した感想を教えてください。

やはり自分が卒業設計をした時とは扱うトピックが変化していると感じました。たとえば農業や職人など地域に根差したものが増えてきていました。それは、僕自身も興味あるトピックでしたので刺激を受けました。個人的には「水トノ共生作法」が印象に残りました。10選には残っていたものの、結果的に受賞は逃しましたが、パッと見た中で最初に興味を惹かれました。粗削りなところはありますが、非常にバランスのいい作品であったかなと思います。

自身の卒業設計はどのようなものでしたか?

卒業研究をベースにしていたので、沖縄の農連市場という今はなくなってしまった市場の研究をもとにしています。農連市場は、空き地のようなところに農家さんが野菜を持って来て売ったことから始まり、その後に屋根がつくられ、増築を繰り返し広がった市場で、とても魅力的な空間が形成されていました。木造で柱を起点に人が集まるから、そういう景色をつくれないかなと思い、架構と建築

沖縄の農連市場

と人の使い方の関係性を研究していました。それを東京の新大久保駅の隣に提案しています。新大久保は多国籍な街だけれど、人が集まる場所があまりないので、そういう場所をつくりたいと思いました。道路をつくるために立ち退きなどがされていたのですが、道路はもうそれほど必要ないと思い、道路の予定地に柱を使って人が集まれる場所を設計しました。今考えると、時間的にゆっくりできる面白さをもっとつくれたのではないかなというのもあるけれど、当時はどちらかというと柱と人の集まり方に注目して設計していた感じですね。それは今の自分の設計にもつながっています。建築がフレームとしてどのように人の生活や行動に関係しているのか。それは自分の中の中心的なテーマになっていると思います。

卒業設計のテーマを探す際に、意識していたことや道標にしていたことは?

建築はやはり体験することなので、数を見るのは大事ですね。僕も実際に沖縄に行ったから、その建築に出合うことができました。人との出会いは計算できないけれど、建築はそこにあるので行けば体験できる。僕のテーマであった市場も、

建築雑誌などに載っているわけではなかったし、有名な建築家がつくったものではなかったけれど、現地に行くことで出合うことができた。動き回ってみることが大事だと思います。ただ、無闇に動き回るのではなく、自分の興味に基づいて動き回ること。もしかしたらそれは実家など、すでに出合っているものかもしれないけれど、空間は体験してこそです。

クマタイチ賞(先崎亜美「伝う」)の選考理由を教えてください。

自分の関心あることに近いというか、建築がいかに拠り所になるかをテーマにしているのが良かった。僕は柱でしたが、彼女は壁をテーマにしていました。壁というのは空間を仕切り、プライバシーを担保するものですが、商店街の新しい形として、壁でみんなが集まり地域の核になる場所をつくっているのが良かったです。プレゼンボードは伝える工夫がもっと必要ですし、屋根がないなど改善の余地はまだまだありますが、模型でしっかりとやりたいことを表現できていました。

模型表現におけるアドバイスなどはありますか?

むしろ模型をつくっただけで、空間を説明した気になっている作品が多かった印象です。僕たちは空間を扱う人間であり、扱うことが仕事なのに、どのような空間になっているかを説明できていないものが多かったです。リサーチをたくさんしただけでは、良い空間がつくれるわけではありません。もちろん裏付けとしては必要です。評価されたものの中でも、空間の質のイメージができづらいものもありました。最優秀賞の「転生するシンボル」は文字通り切り口が斬新なのにも関わらず、実際にどのような空間なのかがわからない。いわゆる建築ではないものをつくる時こそ、パースなどを用いる

東京大学大学院時代に制作した、カーボンファイバーやスペーサーファブリックを用いたパビリオン

やはり建築家の仕事は、一つひとつが長いスパンを持つから、基本的に好きではないとできない。お金を稼ぐだけなら、他のほうが効率が良いです。自分が好きなものは何かを突き詰めて、その結果が「建築」でなければ続かない。技術や英語力などの最低限のことを身に付ける必要はありますが、あとはオリジナリティをどう出していくかです。建築とは違うジャンルのことでも、それが建築にどうつながるかというビジョンを持つことが大事です。

**建築を見ること以外に、「好き」を
考えるうえで大事にすべきことは？**

　個人的な好みだけではだめです。世の中とシンクロをしていくこと。ミクロとマクロの視点を持つことです。そして、建築はつくることで周囲へ必然的に影響を及ぼすものであるから、中だけではなくて外に与える影響も考えてください。自分の関心というミクロの視点、大きなビジョンのマクロの視点、自分の周辺という視点が大切。建築がインパクトを最も与えられるのは、実は自分の周辺なのです。まずは自分の周辺、建築の周りを良くしていくことを大事にすればいいのではないかと思います。

などして、空間の質を伝えていかないといけません。

**副賞の本（『自然な構造体―自然と
技術における形と構造、そして
その発生プロセス』）を選んだ理由は？**

　大学院はドイツのシュトゥットガルト大学に行きました。そこで教わっていたフライ・オットーという建築家に、いかに少ない素材で建築をつくるかという大義名分のもと、自然な合同体という、すでに自然に存在する構造体からヒントを得ることを学びました。自然の構造は無駄がありません。当時は敗戦国で少ない素材でつくる必要があったのと、彼自身の形への興味が合わさって生まれた考え方です。やはり建築家になるには、ビジョンと自分自身の興味のすり合わせが必要なのです。建築家になるうえでのスタンスの保ち方を学んで欲しいと思いました。

ドイツ留学を決めた理由は？

　素材をコンピューターでシミュレーションする分野に興味があったものの、日本で学習できる場がありませんでした。その時に、たまたまオットー先生が日本に来ていてレクチャーを聞いたのがきっかけです。シュトゥットガルト大学には、同じ興味を持った人が世界中から集まって来ていたので、大学院で得たコミュニティや経験が今でも僕の財産だと思います。しかも、大学のある地域は工業都市でもあり、今までの当たり前と違う。工業都市だから機能をつくることに抵抗がない。日本はナイーブな議論になりがちだけど、そこでは車や工業製品などのものがどんどんつくられていくカルチャーがある。だから、もののように建築ができていく。実際にどう使われるかは割り切り、ものとしてどのような最新性があるかを探る。海外に行くべきというよりも、自分の興味や関心によって海外へ行くのでいいのではないかと思います。日本にいた時からカーボンファイバーやスペーサーファブリックという三次元の布の研究をしていましたが、ドイツではそれがいかに建築になれるかを考えました。パビリオンなどの小建築ではなく、常設の建築にできるかは僕のドイツの先生も常に考えていたので、そのあたりは今でも残っているものとしてあります。

**建築家になるために
やるべきことがあれば教えてください。**

クマタイチ賞「伝う」のパース

津川 恵理氏

巡回審査の様子

学生のうちに
取り組むべきこととは？

　本を読むことです。私も、学生の時に建築家からたくさん言われていましたが、当時はそれが理解できなくて、あまり本を読みませんでした。ある程度は読んでいましたが、本当に本を読んでいる学生はものすごい量を読んでいますよね。社会人になると、隙間時間をなんとか見つけて読むしかありません。いろいろな知識が体系化されてつながっていく瞬間は、自分の思考が広く深くなる感覚があり、とても心地の良いものです。建築は複雑で総合的なものなので、学生のみなさんにもたくさんのことを知っていて欲しいな、と思います。

　あとは、感性が刺激される経験をたくさんしておくことだと思います。美味しい料理をつくる料理人が美味しい物をたくさん食べているように、私たちも人に感動を与える環境をデザインするのであれば、自身の感性を育む経験をたくさん積んでおくことが大事だと思います。これは今でも心掛けていることです。

学生の時に意識されていたことは
ありますか？

　建築学生は、設計課題で授業以外も多くの時間をとられますよね。今の課題が終わったら次の課題がすぐに出て、休む間もなく次の課題に取りかかるかと思います。だからなのか、大学に閉じこもって製図室などで作業をしている人が多い印象があります。その時間ももちろん大事ですが、お金はないけれど時間はあるのが学生。大学は授業を取るのも自分で決めることができるし、朝から晩まで何をするのか自分で決められる。唯一、人生の中でクリエイティブな過ごし方ができる。その時にどういう過ごし方をするかが、どういう社会人になるかの基礎になるというのが私の考えです。その貴重な時間に、大学に缶詰で設計ばかりでいいのだろうか。私の場合は純粋に興味があることを、ひたすら突っ走りました。たとえば、身体表現やダンス、ファッションに興味があったので、そういう学外の団体に所属しつつスクールにも通いました。当時は建築以外へ興味を持つこと

に貪欲になり、建築以外のコミュニティにもガンガン突っ込みました。それらを、ただの趣味として切り離すのではなく、建築につなげることで、独自性のある建築をつくれると思っていました。だから、建築以外に興味を持つ時間を積極的につくっていました。学生のみなさんにも、ぜひやっていただきたいです。興味をもつ時間が減っていくのはよくない。建築以外の軸として、純粋に興味があることを自発的にリサーチしたり追いかけたりしたことが、意外と自分のアイデンティティに深く接続することがあるので、それは是非やってみて欲しいです。

ダンスやファッションを深めて
建築につながった部分について
教えてください。

　ニューヨークにある建築家の事務所、Diller Scofidio + Renfro に所属していた際に、建築に上手く接続したと思える瞬間が多々ありました。パフォーミングアートや服飾のデザインのようなものも手掛けながら、建築や公共空間を設計しているような事務所は、日本にはなかなかなかったからです。

　たとえば彼らがつくるファッションは、カバンのデザインをただ追い求めるわけではありません。私が携わったプロジェクトでは、女性が肩に装着するボディーバッグというカバンをつくりました。女性の肩が歴史的にどういう意味づけをされてきたかリサーチし、女性の肩にどういうアクションを取ると、どのようなメッセージ性を持ったカバンをつくれるのか。カバンのプロダクトスケールをアーキテクチャーとして捉え、社会との接続を図るようなファッションをつくりました。カバンのデザインをするという領域を超え、カバンを通して社会にどういう思想を体現できるか。それは建築的な手段だと思います。

また、身体の美しいプロポーションの魅せ方として、ダンスパフォーマンスがあり、そのバランスを建築にも見出そうとしている自分がいました。理屈なしに自分の身体に落とし込まれた感覚で、美しいバランスで成立する建築の造形を考えている感覚があります。それは、ダンスをやっていた身体感覚が建築に見出されている瞬間な気もします。建築で人の動きをコントロールするのではなく、私が設計した建築を通して利用者がいかにパフォーマティブ、ダンス的で自由な動きができるかというコンセプトで設計しているので、そういうところでも、身体表現の思想が自分の生み出す建築につながっていると感じ、自身の作家性になっていると感じています。

未来の建築家である
学生に伝えたいことがありましたら、
お願いします。

設計課題には講評会があり、大学によるかとは思いますが、私の大学では選ばれた人しか講評会に参加できませんでした。私の場合は、自分が一生懸命答えを出したものに対し、わかりやすく優劣がつけられ悔しい想いをした時もありました。でも、それにあまり一喜一憂しな

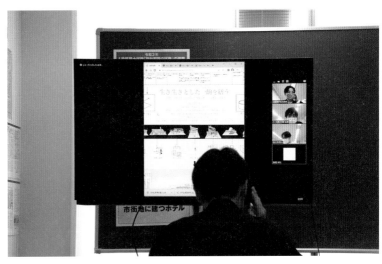

本企画ではZoomにてインタビューを実施

いで欲しいです。私も、学部生では講評会に上がるタイプではなかったです。自分がいいと思ったものを曲げられず、アウトプットが美しくないとか、建築になかなか落とし込めていませんでした。設計のコツを掴むのが早くて評価軸に乗る人はもちろんいるし、もっと自分の根源的な興味と向き合い、上手く建築にまとめられず評価されない人もいると思います。私は後者の人にも可能性を感じています。評価軸に乗らなくても、その中から変革者のような人が出てくる可能性もあ

るので、他者の評価に左右されて自分が信じているものを失わないで欲しい。それが建築学生のみなさんに特に伝えたいことです。最後まで自分を信じられた人だけが、自分の名前でものをつくり続けることができる気がします。信じきる能力と、それを実現するための的確な努力が一番大事だと思っているので、学生のみなさんにそれを伝えたいです。

ボディーバッグのスタディ

南後 由和氏

**審査員として参加した感想を
教えてください。**

　卒業設計展は、出展者である学生の
みなさんが現代という時代にどう応答し
ているか、どのようなところにアンテナを
はっているのかを知ることができる場で
す。なかでも地元との真摯な向き合い方、
情報テクノロジーやソーシャルメディア
との距離感などが印象に残っています。
二次審査は各審査員が3作品を持ち寄
った後、重複含めた20数作品から10選
に絞りました。私が選んだ3作品は10選
に残り、建築が専門の人とは違う立場で
臨んだにもかかわらず、評価が重なりま
した。評価される作品は、専門外の人に
も伝わる強度を持っているのだと感じま
した。その強度とは、第一に、新奇性と、
建築がこれまで築いてきた伝統や慣習
などの原初性との両方を兼ね備えたも
の。第二に、特定の敷地や環境でしか成
し得ない特殊性にとどまらず、普遍性を
持ち、応用展開可能性があるものです。
そのような提案が評価される傾向にある
と思いました。

**副賞の本（『建築の際』）を
選んだ理由と、
本を通して伝えたいことは？**

　本書は、サブタイトルにある通り、東京
大学大学院情報学環での連続シンポジ
ウムの記録です。私が大学院生から助

「建築の際」第4回。「振舞の際」にて山本理顕、野田秀樹、山内祐平が登壇

教にかけての時期に企画・主催したもの
で、院生が各回のゲストやテーマを選定
し、ゲストのアトリエや研究室まで事前
取材に行きました。当日の司会進行や
問題提起、『新建築』（新建築社）へのレ
ポート記事の寄稿といった一連のプロセ
スもすべて院生たちで担いました。ゲス
トは3名選び、1人目は建築家、2人目は
異分野の専門家としました。たとえば劇
作家、数学者、生物学者などです。3人
目は東大情報学環の教員です。毎回の
テーマは、「振舞の際」「空間の際」「生命
の際」などのように、建築と異分野との
連続性や差異についての議論を通して、
建築ならではの可能性や固有性を浮か
び上がらせることを目標にしていました。
「際」という言葉は、英語だと「border（境
界）」「edge（端、鋭さ）」「frontier（先端）」
「limit（限界）」などのさまざまな意味があ
ります。「際」の持つ多義性に注目しなが
ら、建築の先端や境界、限界を突き詰め
て議論しました。「際」では、異質なもの
が混ざり合い、異種交配を起こしながら、
新たな道筋やまとまりが生まれます。本
書が学生のみなさんにとって、大学院や

それぞれの進路先の場所を積極的に活
用し、何らかのボトムアップ型の企画を
実践するヒントになればと思い、副賞に
選びました。この本は、さまざまな「際」
から新しい建築の道筋を照らし出すこと
を狙いとしたものなので、今後、みなさん
が新たな「建築の際」を紡ぎ出していく
後押しになればと願っています。

**建築に興味を持った
きっかけを教えてください。**

　研究と趣味に分けて話します。研究
の話は、卒業論文までさかのぼることに
なります。卒論のタイトルは「都市をめ
ぐる言説の比較研究—H.ルフェーヴル
の空間論の可能性—」でした。アンリ・
ルフェーヴルは、1960〜1970年代にか
けて多くの都市論や空間論の本を執筆
した思想家・社会学者です。卒論のテー
マを決める頃に、ルフェーヴルの翻訳本
『空間の生産』（青木書店）が出版され、
たまたま書店で買って読んだところ大き
な感銘を受けて、そのまま卒論のテーマ
にしました。

　ルフェーヴルの研究は、大学院に進学

副賞『建築の際』
（平凡社）

して研究者となった後も、私自身の都市や建築への見方を形づくる骨格の一部となっています。どのような点に感銘を受けたのかというと、建築家や都市計画家、行政などの専門家だけでなく、住民やユーザーも空間を生産する主体だと書かれていた点です。ルフェーヴルは、抽象的で建築家が頭の中で考え、模型や図面に落とし込んでいくような、思考される空間の次元を「空間の表象」と呼びました。それに対し、具体的で一般のユーザーや住民が実際に空間を使ったり、身体の五感を介して経験する次元を「表象の空間」と呼びました。ただし、この2つは必ずしも二項対立的に分けられるものでなく、両者がせめぎ合う第3の次元として「空間的実践」があります。このような3つの次元から都市や建築を考える視座が新鮮でした。

次に趣味の話をすると、私が学生の2000年前後には『Casa BRUTUS』（マガジンハウス）などの一般誌でも建築が取り上げられる機会が増えました。安藤忠雄さんの建築が一般誌の特集として組まれたり、『建築MAP東京』（TOTO出版）などが出版されたりと、一般の人にもわかりやすく編集された一般誌が台頭してきました。研究とは別に、それらの一般誌を見ながら、建築を見て歩くのが趣味でした。

一方でルフェーヴルの本を読むと、建築家は空間決定論的に自分たちの意図した方向に社会を持っていこうとする、いわゆる権力を持った人だと批判されがちでした。歴史を紐解くと、建築家は特権的な立場にあり、政治家とのつながりが色濃い時代などもありましたが、私の学生時代にはそのような建築家像はリアリティから遠くなっていました。建築家が「空間の表象」の次元に安住しているというよりは、たとえば住民とのワークショップが当たり前になったように、「表象の空間」の次元に寄り添いながら、「空間の表象」と「表象の空間」の間で引き裂かれてもがくようになるなど、建築家の社会的位置は時代とともに変化していくことに興味を持つようになりました。

また、日本では建築学科に入らないと建築を勉強する機会はなかなかありません。私自身も、建築は大学だと工学部系か美大・芸大の建築学科で学ぶものという固定観念を持っていました。しかし、ルフェーヴルの本を読み、専門家だけでなく住民やユーザーも空間を生産する主体であると捉えることで、社会学の分野からも建築と空間について考えることができるというヒントをもらいました。それにより、建築が鑑賞や趣味の対象から、より研究の対象として位置付けられるようになっていきました。

学生時代に意識して欲しいことは？

古典に触れることですね。例えば近代の建築家にミース・ファン・デル・ローエ、ル・コルビュジエ、フランク・ロイド・ライトなどがいるように、社会学者にもマックス・ヴェーバー、ゲオルク・ジンメルなどの古典とされる人たちがいます。学生時代は古典や教科書的な社会学を学ぶだけだと面白くなくて、もっと現代社会で起きていることについて考えたいと思っていましたが、今となっては古典の重要性がよくわかります。学部生の頃から、ひとつの専門分野である社会学だけに閉じることに閉塞感を感じ、隣接する領域にはみ出していくことをやっていました。卒論も社会学にとどまらず、地理学などにまたがるものでした。大学院は、学際的で文理越境の研究科に進学し、たとえば建築学科のゼミに参加させてもらったり、他研究科や他大学の大学院生と勉強会をやったり、さまざまな分野の人と議論していました。先ほどの『建築の際』という本にも当てはまりますが、建築は接点のない学問分野がないといえるほど、多領域を横断する雑多性を備えています。福祉、経済、環境、コミュニティなどのあらゆることと関係を持ち、多領域を横断する雑多性を持っているからこそ、懐が深い。専門性を縦の線とすると、もちろん縦の線を太く長くしていくことも重要なのですが、建築は多領域に横や斜めの線を走らせていくことがしやすいと思います。ぜひ学生のみなさんも、それぞれの関心に応じて、多領域を関係づけ、いろいろな線を引くことに挑戦してください。

学生時代に巡った建築物。左は「ソロモン・R・グッゲンハイム美術館」（フランク・ロイド・ライト／1959年）、右はシカゴの超高層ビル群

原田 真宏氏

**卒業設計を指導するうえで、
学生にはどのような
姿勢を求めていますか?**

　卒制でやるべきこととは、フルスイング（笑）。世の中を自分なりに解釈していく初めての活動ですから、そこで確実な方法を求めてバントを狙ってはダメです。クリエイターとしての自分の射程をどこまで伸ばせるか。うまくいかなかったとしても、全力のフルスイングをしたなら落ち込む必要はありません。ただ、失敗してもいいとして失敗するのは違います。自分の価値観と卒制の価値観をギリギリのところで合わせようとして失敗することに価値があるのです。私の研究室の学生には、それぞれのテーマが本人にとって切実かどうかを確認します。それで12月あるいは1月になってもテーマが決まっていないこともある（笑）。でも、自ら課題を出せるようにならないと、建築家になるのは厳しい。世の中を見て、ビジョンをつくって何が大切な問いなのかを示してデザインをつくるのが私たち建築家なのです。そういう新しい課題やビジョンを建築家やクリエーターが次々に示

し、何とか解決しながらみんな進んでいくのです。今の学生は私たちよりも新しいバージョンの人間だから新しい問いを出せるはず。それを期待しています。

**自分のテーマを見つけるのに
手掛かりとなるものはありますか?**

　生きていくことの意味や大変さなどを見つめていけば、自ずと切実な問題が浮かび上がってくると思います。その切実な問題を建築で考えていけば、自分らしい問いになり、そして問いに応答する建築ができるのではないでしょうか。私が学生の頃は、製図室にこもる時間よりもワンダーフォーゲル部で活動している時間のほうが長かったかもしれない。休暇期間はずっと山にいたり、自転車で東京から長崎まで行ったりしました。建築を考えるにあたって、建築の内側の知識を集めるだけではつかめないことが非常に大きい。建築を必要とするのは、建築ではなく社会や文化です。だから、建築の外側の世界をどれだけ知れるかが大切です。建築の外側の世界の体験としてさまざまな活動をしていると、同じ社会

や世界などに対面している人々の喜びや悩みに共感できるようになり、本当の理解ができるようになる。よりよい都市や世界をつくるための手段として建築は優れています。だから、建築家になることを動機にするよりも、建築によってつくられる世界に憧れるべきです。

　建築の問いをうまく立てられない時は、違う刺激を自分に与えてみるといい。計画学的なことや空間論的なことにリアリティを持って取り組めない場合は、違うアプローチから建築を見るのもいいでしょう。空間の構成は大学で勉強しますが、存在の構築も非常に大切な要素です。場と空間が重なったものが建築的環境だから、存在の周辺に拡がる場から見るのも一つのアプローチとしてある。私が学生の頃は抽象的な建築観が支配していました。しかしヨーロッパ滞在時に実体が非常に大切にされていることに気付きました。実体が持っている場の力を扱えないと建築家として見なされないわけです。空間が見えて場所が見える、空間構成がわかって存在構築を行う。空間構成に今は興味がないのなら、存在構築から進めても構いません。私は建築を設計する前は、ハンズの素材売り場やホームセンターをよく巡っていました（笑）。そこから得た情報で建築ができることもありますからね。煮詰まっている人は、そういう刺激から自分に新しい展開を与えられるかもしれません。

**自分で問いを生み出しても、
表現できている人とできていない人が
いるけれど、その違いは?**

　言語化できるか、できないか。自らの問題を1年間考え続け、最後に言語化できるギリギリのところで建築は面白くなります。優秀賞「神楽の降下橋」の谷口真寛さんは、ギリギリのところを飛び越えたと思います。深沢七郎の小説『楢山

MOUNT FUJI ARCHITECTS STUDIOにて取材

"生の世界とむき身で付き合える勇気や好奇心が建築家には必要"

セルフビルドでつくった「ＸＸＸＸ／焼津の陶芸小屋」（MOUNT FUJI ARCHITECTS STUDIO ／ 2003年 ）。右が施工時、左が竣工時。ホームセンターを巡った経験が生きている

節考』のようなギリギリさ。文学なのか幼い子どもの作文なのかというギリギリの表現で、絶対に語らないといけないような根源的な問いと向き合っているのが深沢さんの文章。向き合うべき課題と向き合い、素朴ではあっても力強いクリエイションを残したのが「神楽の降下橋」のような気がします。

自分の課題を言語やデザインとして表現できるようになる確実な道はないと思います。建築家になってからも安全な道はありません（笑）。既製品の落としどころを見つけてそこに寄せたら、作品ではなくなってしまう。正しい問いも見つけられないかもしれない。うまい解決方法などに惑わされず、あまり遠くまで歩けなかったとしても正しい方向に進む。何歩か進めるだけでも成果になると思います。卒制で燃え尽きるような課題ではダメで、卒業後も追い続けられるテーマを見つけるのが卒業設計の価値です。建築の設計にも当てはまりますが、プロセスがピークになるようなものはのびない。その時にかっこいいとか面白いとか思えてしまうものではなく、まだその先があるかもしれないと思わせるようなものを考

える。そうしないと、建築に至った時にいいものにならない気がします。建築をやっていくなかで何かがわかっていくのが建築の面白さ。建築というメディアを使って考えるようなことでしょうか。そして、最後には言葉にする努力をする。終わった時に初めてわかるのが強いテーマです。

建築の活動以外で、学生時代に意識すべきことや大切にすべきことは？

いろいろなクリエイションと出合うことが大切です。文化や映画、ファッションなど、他の分野の「世界を解釈してから抽象化し、作品にアウトプットしている」人たち。彼らの活動を生々しく眺める機会をなるべく持つといい。分野を限らず、絶対値的にたくさん触れるべき。ただ、かっこいい形があるからと、形をそのまま建築に取り入れるのは「生かす」ことではない。形という抽象的なものに向かって、抽象化をする活動が大切なのです。抽象性にジャンプする活動にこそ共感、共鳴が生まれます。そして自分のジャンプ力を高め続ければ、どのような分

野でも楽しめるのではないかな。たとえば、私の建築は単純な原理でできていますが、そこから生まれる現象は非常に多様だとよく言われます。それは私も大切にしている建築の質だし、この点はみんな理解しやすいけれど、その前に「複雑な現実」が存在します。そこから目を背けたり逃げたりしてはいけない。「複雑な現実」をしっかり観察して体の中に入れて解釈・抽象化して「単純な原理」に至り、そして「多様な現象」へ下りる。現実の世界から導き出されていない原理は、個々の世界にとっては「暴力」でしかない。でも、複雑な現実に対して、むき出しの感性で向き合うのは意外と怖い。できればむき出しの感性で向き合いたくない、組織にくるまれて生の世界から守られている立場にずっといたい人たちが多いが、そういう人は建築家にはなれない、というか根本的に建築家「ではない」のでしょう。生の世界とむき身で付き合える勇気や好奇心のある人が、建築家になるための重要な資質を持っているのです。世界が好きで世界に向かって開いていたい人が建築家に向いているのだろうと思います。

藤村龍至氏

**審査員として
参加した感想をお願いします。**

　赤れんが卒業設計展は、年々巨大化していましたが、今年参加した際に、全国区の展覧会になったと感じました。他の地区の卒業設計展で出合った作品に、赤れんが卒業設計展で再度相まみえることが多く、それくらい全国区になってきたのでしょうね。以前は（藤村氏は2011年、2014年、2017〜2019年にも審査員を務めた）、関東の城南地区の大学が参加しているイメージでしたが、段々とメジャーになってローカリティがなくなるくらい広がってきたのではないでしょうか。卒業設計も、ここ10年くらいで大きく変わってきたように思います。10年ほど前は神輿のような巨大な立体物で積むことや広げることに価値を見出している作品が多かったです。巨大な平屋で平面のパターンが多数配置されているものか、積層して複雑なタワーのようになっているものか、二大類型に分類される時期がありました。その流行は、せんだいデザインリーグが引っ張ってきたように思います。特に、せんだいメディアテークの

大きなホールで審査するようになってからは、大きなステージでも映える大きい模型がつくられる傾向となり、平面に広がるか、もしくは高さを出すという風潮がありました。2011年の3.11が起きてからは、一気に風景や記憶、地域活性化というテーマが増えました。産業遺構の木造の平屋建てをつくり、少しリノベーションをして地域活性化するという作品が増えましたが、今年も多かったような気がします。

**藤村龍至賞（佐藤可武人
「人は信号に支配されている」）の
選考理由を教えてください。**

　最近の流行とは少し異なり、私が学生時代のアイデアコンペなどで見られたようなコンセプチュアルな作品で面白かったです。コンセプチュアルな作品を、コンセプトのレベルから説明した人は101選の中であまりおらず、大部分の人が、シチュエーションや課題の解決策などの説明をしていました。この作品は、時間の設計として、建築あるいは都市空間は流れていく時間の集積であり、そのリズ

ムをコントロールすることが建築だという話をしていました。また、コロナ禍でずっと絵日記を描き続け、そのドローイングを使って都市空間に介入したという話が面白かったです。オブジェクティブというか、他所から決まる話が多いなかで、非常に主観的、サブジェクティブにつくっており独自性が高かったです。最優秀賞の東京タワーの作品「転生するシンボル」も印象的でした。東京タワーを扱う作品はいくつかありましたが、その中でも痛快でユーモアのある作品です。でも、ひょっとするとあり得るかもしれない。そう思わせる説得力が同時に感じられてよかったです。

**卒業設計を審査する際に、
よく見るところは？**

　遠目にはイケメンに見える、雰囲気イケメンのような設計が最近は多いです。垂木などを架けていて雰囲気はいいけれど、よく見ると寸法が取れていないし構造が通っていない作品が大半です。今回は101作品が一次審査で選ばれましたが、建築の基本を外していないものに絞れば、最終審査で見るべき作品は限られてきます。佳作である福田凱乃祐さんのニュータウンの作品「現代版集落再生」は、壇上に矩計の模型を持って来なかったのがとてももったいなかった。ニュータウンのコミュニティスペースで空いたストックを活用するという流行りのテーマですが、最後まできちんと設計しているのがとてもよかったです。骨格がしっかりしているし、きちんと空間が設計できている人は非常に少ないです。模型の垂木や登り梁のような木の架構を見ると、構造や寸法を理解して設計しているかが明白です。一時期、立命館大学の学生が卒業設計の審査に強い時期がありました。もちろん今も強いですが、その理由として、当時は先生方が断面図の

2018年度に行われた巡回審査の様子

"家具と家具の隙間の寸法がわかっている図面はさまざまに適用できる"

左／2019年度に行われた公開審査の様子　右／藤村龍至賞「人は信号に支配されている」のパース

GLの下も描くよう指導していたようです。就活時に、ほとんどの学生が雰囲気でGLだけ描いて下のピットや基礎を一切描かないのに対し、矩計を描いたポートフォリオを持っていくと、他の学生との差を印象付けられるという理由からだそうです。今も、断面図を雰囲気で描いている人と、構造を理解して基礎などをきちんと描いている人の差はよくわかります。

学生時代に持つべき行動や
考え方とは？

　昨今の学生は、先輩の作品を見過ぎていると思います。この15〜20年ほどで、卒業設計展が非常に流行っていますが、私の学生時代はアイデアコンペの時代でした。現在の卒業設計展は、審査員とのコミュニケーションの中で共感を得て1位を取るという、パフォーマンス要素が強くなっていますが、建築は本来ビジュアルアートです。卒業設計展がパフォーミングアートになってきていると同時に、多くの人が参加するようになって作品集が毎年発行されるようになったことで、過去問のように流行が可視化されるようになりました。

　たとえば、産業遺構の保存による地域

活性化が流行すると、一気に学生間に広がる。さらに、卒業設計で勝ち抜くためのテクニックのようなものから、先ほどの雰囲気イケメンが量産される。それに対して、審査員はその中からしっかり設計している人を見出さなくてはいけない。とはいえ、現実の建築業界も『新建築』などを過去問のように見ながら設計しています。流行は少なからずあるもので、一切見てはいけないとは言わないけれど、「自分で新しいものを打ち出そう」という気合いを持っていないと流されてしまいます。

　建築家はそれぞれ現代美術や哲学などリソースを持っています。どれが正解などはなく個々の関心でよいので、建築とは別のチャネルが1つあるとよいと思います。流れに乗ってコピーするだけでなく、自分なりに重ねられる部分があるといい。建築家も、それを上手にやっています。たとえばレム・コールハースは、ニューヨークとロシアを分析して、その2つを組み合わせた得意技としてキャンチレバーを持っています。私の場合は建築学科ではなく社会工学科だったため、少し遅れて建築を勉強したので非常に急いで学ばなくてはいけませんでした。建

築らしくするにはどうしたらよいか、とても考えさせられました。寸法や形式などが建築を建築らしくするとか、図面を図面らしくするところにポイントがあるのではないかと気付き、そこに自覚的になることで追い付こうとしました。その経験があるので、建築学科に4年間いるにも関わらず雰囲気デザインをしている人がとても気になります。寸法と形式をきちんと理解していると、図面や形がきっちりとした形になって説得力が生まれます。日本人は基本的に間取り図という文化があるため、910㎜のグリッドを引けば平面図のようなものは描けますが、東京工業大学では、それは間取り図であり平面図ではないとずっと言われていました。けれど、必要な寸法が一通り頭に入ると、家具にも方向があり、そこから何㎜離して置けばいいのかがわかるようになる。そして家具の寸法よりも、家具と家具の隙間の寸法がわかっている人の図面のほうがさまざまなところで通用します。

4章 特別企画

卒業設計をもっと知るⅡ

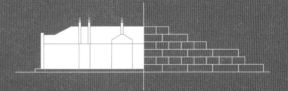

安藤 尚哉 さん

（▶P.014）

"既存の模型を切り崩すことで構想がまとまる"

卒業設計のスケジュールを教えてください。

　前期までは自分の中の問いが出せず、8月まるまる何も考えずにボーッと過ごしていました。そんな中に、ふと、東京タワーが迫ってくる景色を同期と2人で話していたのをきっかけに、東京タワーをテーマに決めました。何気ない想像が問いに変わり自分の向き合うべき「わからない」が決まった瞬間でした。テーマを決めた9月中旬から、9月末まで東京タワーを図面化するための資料を集めました。当初は東京タワーを単に倒して橋にする案でしたが、前期に考えていた「スポリア」をテーマに取り入れ、「象徴という記憶の継承」ではなく、「形態としての継承」へとシフトしました。結果、11月からの2カ月間で、どう分割させるか、東京タワーとその麓の芝公園周辺をどのように敷地として設定するか、さらにどう接続させるかを考えました。そして11月終わりに、芝公園が現在抱える大きな問題として、東京プリンスホテルや増上寺が公園を分断する存在であることに気付

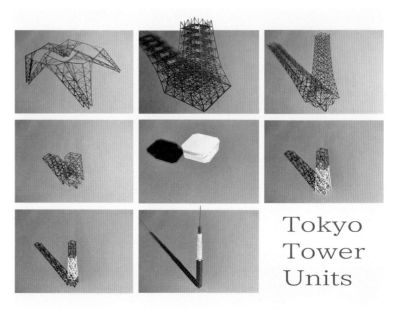

ユニットごとに分けられた東京タワーの模型

上／取材時の安藤さん　下／既存の状態の模型を切り崩す

きました。そこからは、前段としての強度が備わり、悩むべきところが浮き彫りになったからこそ取捨選択し、最後まで貫き通せたと思います。東京タワーに対して強くリスペクトをした上で即物的に捉え、都市の再整備として還元できたと感じます。

東京タワーを解体したいと思った経緯は？

　東京タワーが迫ってきたら、どういう空間ができるか、どんな衝突が起こるかという突拍子もないアイデアが発端でした。故に解体する説得力を持たすため、いろいろな根拠を探しました。論文を参照したり、東京タワーの維持保全に日本一詳しい人にコンタクトしたり、そこからまた手探りで計算して維持にどの程度かかるかも研究し、解体の話に持っていきました。ただ、信念として解体したいという意識はあまりなく、迫ってくる、その場に置かれているという面白さを追究していたように思います。

模型はどのようにつくりましたか？

　東京タワーのスケッチアップデータを用いてつくりました。結局、鉄骨という線の連続である以上、面として捉えることが可能なわけです。模型は、厚さ1mmのダンボールを3枚ずつ重ねたものを切り出しています。東京タワーの形は近似すると四角錐に近いことから、同じ形状の端を組み合わせて、タワーの模型を完成させました。

　スタディでは、切り崩された姿を構想してデータをつくることもできますが、自分の中でスケール感の納得がいかず、切り崩す前の既存の状態を模型でつくってから文字通り切り出しています。そうすることで、どの部材がどこに残るか、東京タワーを倒してできた空間がどうなるか明白に見えてきました。スケッチで描いたスタディと、モデリング上のスタディ、模型のスタディをそれぞれ照らし合わせながらトライアルアンドエラーをしたからこそ、自身も納得のいく形に仕上がったと思います。

飯田 夢さん

（▶P.105）

"サイズ感に捉われない自由な形をスタディできる"

卒業制作に取り組んだ手順は？

最初に卒業論文でオノマトペと空間についての分析を行いました。オノマトペは人によって解釈が違います。建築の公共空間において来訪者が感じたオノマトペを平面図にプロットしてもらい、空間と比較することで分析を行いました。そこから、卒業設計で自身の提案にどう生かすかを考えました。今回設計に用いたオノマトペは、卒業論文で抽出・分類を行いました。それらをまとめた『オノマトペ辞典』に載っている4500語から、空間や形態などを分類して新たに自分の中で生まれたオノマトペを抽出しました。日常の些細な振る舞いは自分の生活をもととしています。それから、模型スタディをたくさんするつもりだったので、3Dは使わずに模型と手描きの図面でのスタディを何度も繰り返しました。卒業論文では、公共の建築におけるオノマトペを調査し、その結果、オノマトペは個人それぞれの感性であることから、卒業設計ではまず、"私自身"に着目し、自邸という"私"のオノマトペの思想が現れる空間で設計するに至りました。当初の軸から変わらずに、ひたすらスタディ模型をブラッシュアップしていきました。スタディ模型で生まれた空間からオノマトペが浮かび上がっていくことやオノマトペから生まれた空間の両方の成り立ちの経緯があります。

模型制作時に特に意識したことは？

何種類ものスタディ模型をつくるのではなく、1つの軸に則ってブラッシュアップし、スタディ模型を作成していました。自分の中で空間と言葉を一度考えてから創造することとは別に、手を動かしてスタディをしていく過程で、スタディ模型の端材から良い空間が生まれることもあります。白模型の漆喰のようなものはジェッソLLとセラミックスタッコを混ぜています。スタッコは先輩から教えてもらいました。作品の雰囲気を白模型の中でテクスチャを変えて表現したく、紙やスタッコを使って白の中での素材違いを表現しています。模型の着色についても考えましたが、空間に別の意味を持たせてしまうことを危惧し、白色のみに限定し素材だけで表現しています。21個のプロトタイプ模型の中でお気に入りは「"どきどき"秘密基地」です。洗面台の「"ぼわっ"

上／21個のプロトタイプ模型一覧　下／模型に差し込む光を検証

光の空間」のように、光や風、雨などの自然現象を取り入れ、独りよがりな建築にならないような空間構成を意識しています。

モデリングを使わなかった理由は？

模型ならサイズ感に捉われない自由な形をスタディできると考えたからです。モデリングの技術が低いこともありますが、私は、自分の手を動かして思考するほうが設計を考えやすいです。模型スタディならではの収まりや外観が生まれます。スケール感を実際に掴めることや、全体や細部の雰囲気をつくりながら思考しやすいことが模型スタディを主に行なっている理由です。

表現に関して心掛けていることは？

模型スタディだけでなく、文字に起こすことも大事で、ノートなどに書き起こしています。文章というよりも思ったままに書いていますが、模型をつくるのと平行して考えを整理しています。感覚で進めているところが多いので、言葉にすることで、説明にも役立ちます。

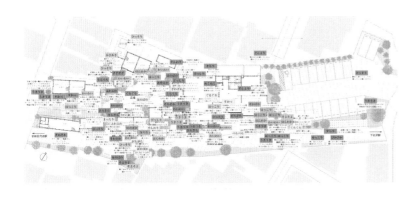

卒業論文「オノマトペと空間についての分析」にて制作したパネル

谷口 真寛さん

（▶P.020）

"細部まで表現することでイメージが明確に"

卒業制作に取り組んだ手順は？

　卒業制作の構想を練る中で「無駄を愛でること」をしたいと思いました。芸術や音楽は、なくても生活に困らないけれど、あることで豊かさが生まれると思います。そこで今回は、薄れつつある神様という存在から神楽をテーマに決めました。最初は、フォリーや仮設的な神楽殿をつくることで人と生業の風景をより良くできないだろうかと考えたのですが、敷地を調査したところ、土地の特徴として谷が目につき、谷の壁面などをスケッチしているうちに、橋の形となりました。橋のイメージからモデリングを始め、組み方についても模型で何度もスタディを重ねました。テーマが決まってから日本的なものとして錦帯橋をイメージしましたが、絶対に建たないものはつくりたくなかったので今のような構造になりました。他にも、日本的なイメージとして出雲大社の復元案のように中心の舞台を神聖な空間にするため、アーチに沿って上っていく階段にしました。計画と形を行ったり来たりしながら、今の形に落とし込んでいます。

テーマ決め以外に苦労した点は？

　一番は、模型が実際に立つかどうかが怖かったです（笑）。大学への提出3日前から組み立てを始めて、なんとかつくりあげました。提出時は今のように床板は

学部2年時に課題で制作した住宅の模型

張っておらず、提出後に赤れんが卒業設計展用にブラッシュアップしました。部材が細かいため1/50でないと形にできないと考え、実際に橋として模型が成り立つか確証のないまま、一発本番でつくっています。大学提出の2週間前までディテールを調整し、そこから組み立てる部材を用意し、3日前に一気に立ち上げました。組み立て方としては、アーチに

なっている部分に3枚の部材があり、少しずつ角度を変えながら形をつくりました。横方向は3枚組で、縦の部材をアーチで挟み込み、縦の部材同士の間に短いスパンのアーチ材を入れ、それをまた挟み込んでいます。電動工具で細かく部材を加工するのがとても大変でした。

モデリングや模型をつくる際のこだわりは？

　歴史や構造、意匠など満遍なく考えるように意識しながら設計しています。モデリングや模型は迫力が出るように、縮尺や素材感、ディテールまで細かく表現するようにしています。細部まで表現することで、人がそこでどのように活動するのかイメージを明確に持つことができるので、こだわってつくっています。学部2年の住宅の課題の模型が今までで一番きれいにつくれました。

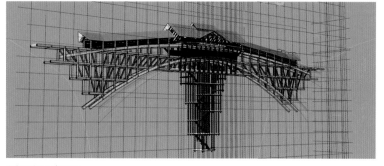

卒業設計のモデリング

長井 一乃眞さん

（▶ P.154）

"形の遊びが思わぬ発見につながる"

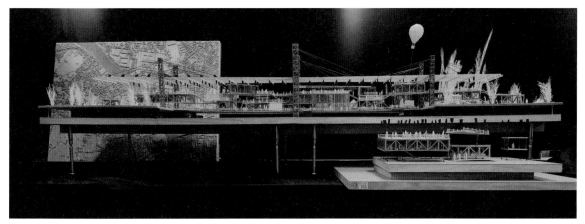

木を使って陰影を際立たせた本模型

**卒業設計のリサーチ等の
取り組みについて教えてください。**

　今回の橋を建設するにあたり、敷地である鶴見川と鶴見の橋を、散歩から分析することを始めました。鶴見区にある17個すべての橋をスケッチで描きとめることを通して、鶴見川に架かっている橋の形態や種類は似て非なるものが多いこと、また、鶴見川は国内の河川利用状況1位であり、その鶴見での橋や川辺の使い方、人々の過ごし方などがわかりました。敷地は10年前に橋が撤去された場所でもあるため、当時と現在がどう異なるかを住民に尋ねることで、人々の橋に対する気持ちも知ることができました。

**設計の構想段階で
スケッチをすることが多いのですか?**

　今まではスケッチとして記述したことはありませんでしたが、今回の卒業設計を通して、スケッチあるいは言葉などで一度記述すると、自身でも思っていないような輪郭が浮かび、新たな発見が生まれたため、記述することの大切さを実感しました。

プレゼンボード上で工夫した点は?

　プレゼンボードをつくる際は、自分の中で必ず伝えたいことを決め、それを徹底的に表現するようにしています。そして、1パースに1つの意図を込めることで、読んだ人にわかりやすくなっています。それから、人の目線の動きに合わせて、上から下に、左から右へと、自分が伝えたい話を並べます。今回は、メインパースである中央の外観と右上にある内観を、端的かつ魅力的に伝えることを意識しました。たとえば右上の内観パースは、渡橋している人々と浮遊している舞台を表現する上で、動きを持たせた見せ方にするため、飛び出すような形で表しています。

スタディについて教えてください。

　スタディ模型をつくる中で、架橋という行為の特性上、橋を裏返して架けても成り立つことに気付き、上に乗せている舞台を浮遊させる発想につながりました。スタディ模型を通して形で遊んで実験することは、意識していなかったことを見つける力があると改めて認識しました。

本模型のこだわりは?

　模型をつくり始めたのは、学内の講評会の1カ月前でした。木を素材とし、レリーフでつくることにこだわりました。実際には、この橋の架構やつくり方は木造ではないのですが、私の橋への解釈として物理の光のような関係だと思っており、世界中には見えない光がたくさんあるように、橋にもさまざまな橋のカタチがあり、土木の橋は橋の魅力の1つに過ぎないことを、すべて木でつくり光の陰影で表現することで、橋は土木の橋に捉われない、もっと高次元なものだということを伝える意識をしました。

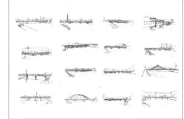

上／裏返して架けても成り立つという発見につながったスタディ模型　下／鶴見川に架かっている全17個の橋のスケッチの一部

新美 志織さん

（▶P.026）

"自身で毎回講評して反省点を洗い出す"

駐車場において、車を人と一緒に まばらに配置した理由は？

　この作品では、従来の歩者分離の思想とは逆で、歩者共存の思想を掲げています。つまり、車両のテクノロジーが進化することで車両と歩者は共存可能なのではないかということです。そのため、車両と人が交じり合う公共空間が駐車場の中に繰り広げられています。

仮設に至った経緯を教えてください。

　工事仮設物を用いることになった理由は、仮設足場を実際に自分の手で組み立てた経験があったからです。私は高校生の頃に演劇部に所属しており、裏方として足場を組み立て、舞台製作を行っていました。このような経験から、仮設の魅力や自分自身で構築することの楽しさを知り、テンポラリーアーキテクチャーに興味を持ちました。そのため、卒業設計では都市にあふれかえっているにも関わらず、普段日の目を浴びることのない、工事仮設物を用いた提案を行いました。

模型の制作時に 気を付けていることはありますか？

　工事仮設物に関しては、実物や資料

模型は全体的にレーザーカッター、ユニットのH形鋼などは手作業にて制作

仮設物を設計するにあたり、工事現場をリサーチした

を見て寸法を調べ、リアリティを高めることに努めました。表現方法に関しては、昨年いろいろな展示会や卒業設計展に足を運んだ際の作品なども参考にさせていただきました。私の作品では、模型・シートともにバーガンディを象徴的に用いています。バーガンディは工事仮設物、白はベースストラクチャーを指しています。これらは、プレゼンテーションを行う際のことを考え、統一した表現を意識しました。

プレゼンボードの制作で 意識したことは？

　卒業設計に限らず常に、建築家だけでなく友人にも伝わるようにつくることを意識しています。レイアウトについては、まず段落で起こして、サブタイトルをかけて、自分のパースなどの材料を仮置きしていきます。この時点で大枠の構成を確立させます。その後、メインパースを掲げ、面と言葉あるいは絵と図のバランスを考えます。"この図面・パースは何

を伝えるためのものなのか"ということを明確にしてプレゼンボードを制作しています。

卒業制作にはどのような手順で 取り組みましたか？

　夏ごろからふんわりとは考えていましたが、10月末まで他のコンペに取り組んでいたため、11月から卒業設計に本腰を入れました。11月から始めて半ばまで構想を考え、12月に3Dのモデリングをつくりながら模型も考えました。そして1月に学内提出を行い、その後は学外のいくつかに出展しました。制作期間は、3Dモデリングを用いてスタディを行いました。スタディ模型は制作していません。スタディ期間終盤は、短期スパンで3Dモデリングのスタディを繰り返しました。その際に、作成したスタディに対して反省点・改善方法を洗い出し自身で毎回講評を行いました。PCのツールにはIllustrator、Photoshop、Rhinoceros、Lumionを使っています。

古川 隼也さん

（▶P.185）

"船を建築として設計し、伝えることを考えた"

**卒業設計に取り組んだ
手順を教えてください。**

9月ごろに商船会社に計画のプレゼン（メール）をし、興味を持っていただいた商船会社の方から既存商船の図面を紹介していただくことから始めました。そこから、既存船舶のモデリングを起こしました。既存船舶を実際に見ることができないので敷地をモデリングして既存船舶の簡単な模型をつくり、それに対してスタディを行いました。既存船舶と第1案をモデリングし、最終案を含めて3回ほどつくっています。その間の細かいスタディとしてはスケッチや断面図と、スタディ模型によるボリューム検討を行っています。最終的には、設計を終え3Dを組み立ててから模型に取り組みました。

**敷地を決めてから
設計を進めていくうえで工夫した点は？**

研究室の先生も専門外のため、教授になるくらいの勉強をしました。船舶図面の寸法がフィートやインチであるのに対し、いつものようにミリメートルで解い

ていることに途中で気付き、既存船舶の大きさを変更しました。早めに軌道修正ができて良かったです。船の図面にある点線は操縦する人の視界を遮らないための高さ制限で、それより上に荷物を積めないように定められています。これは建築でいう斜線制限のようであり、今回の設計でもそれに応じて建築物の高さを雁行させることで解いています。

**周辺模型は
どのようにつくりましたか？**

1/300の広域模型は、マンションを除いたすべてと、右側の船の躯体を3Dプリンターでつくっています。左のグレーの既存船はスタイロフォームから削り出しました。1/50模型の船尾の流線形も、大きなスタイロフォームを組んで削っています。海の表現については会場で特によく聞かれましたが、ここでは港の深い海を表現したかったため、アルミホイルでしわをつくって貼り、アクリル絵の具とスポンジで海と白波を描き表して上からモデリングウォーターとニスを塗るこ

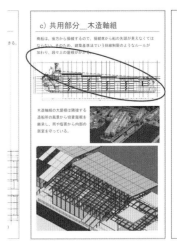

上／学部3年で制作した「水の柱」。左が1/400模型、右が1/100模型　下／船舶の高さ制限に応じた設計案の説明

とで表現しています。

**今回の作品以外での
表現上の工夫を教えてください。**

設計課題は本当に時間がないため、模型とプレゼンボードは、表現する上で全く別の役割を持たせるように意識しています。プレゼンボードには模型写真を貼らず、模型では細かいテクスチャを気にしないなど、割り切ることで時間をやりくりしています。例えば3年生の前期に設計した「水の柱」（建築新人戦2020・16選）では、全体模型を、周辺を含めた1/400でつくり外観のイメージを伝えて、1/100の断面模型で時間のかかる箇所を省きつつ内部構成を見せるようにしました。

1/300の広域模型

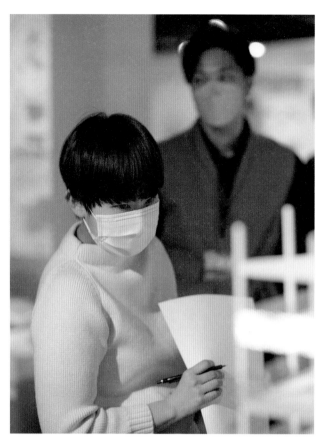

5章 101選

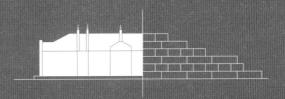

見えない空間

敷地：— 用途：— 面積：— 構造：— 階層：—

手塚貴晴賞

みなさんは空間を見たことがあるだろうか？ 僕はない。空間はあるのだろうか？ 何を以って空間と捉えているのだろうか？ 空間を扱うときに操作するのは、その空間を取り囲む外殻の建築である。見ているものは、扱っているものは、テクスチャや形態という物質の側面で、原理的には空間を直接扱うことができていないのではないか。空間を成立させているぎりぎり最小限の要素を追求した。そしてその最たるものが光だと至った。

半澤 諒
Ryo Hanzawa

大阪工業大学　ロボティクス＆デザイン工学部
空間デザイン学科
建築計画研究室

Planning / making	5ヶ月／3週間
Next	大阪工業大学大学院建築計画研究室
Inspiration	くろ
Favorite architecture	石上純也
Software	Archicad、Photoshop、Illustrator

伝う
——らしさを読み替えて作る新しい再開発計画

敷地：東京都杉並区北高円寺　用途：商業建築　面積：8,000㎡　構造：SRC 造　階層：8 階

高円寺に 50 年眠る計画道路。住民には反対され続ける。それをなかったことにできないため、計画道路が高円寺で起こっている物語の未来を邪魔することなく、今あるらしさを読み替え、新しい再開発を提案する。らしさは領域の広げ方に現れる。高円寺の人たちは何かに伝うようにして領域を広げていく。彼らは壁際に価値を見出すことが得意だ。再開発時、その人の価値を床面積に等価交換するが、彼らにとって価値のあるものは壁だ。床の代わりに壁で等価交換を行う。

先崎 亜美
Ami Senzaki

日本大学　理工学部　建築学科
山中新太郎研究室

Planning / making	3 ヶ月／ 1 ヶ月
Next	未定
Inspiration	街歩き
Favorite architecture	GoodJob! センター香芝
Software	手描き、SketchUp

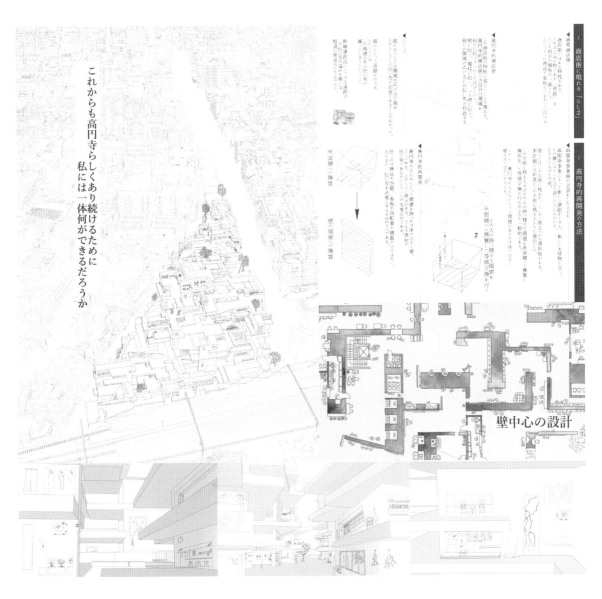

これからも高円寺らしくあり続けるために
私には一体何ができるだろうか

一｜商店街に現れる「らしさ」

二｜高円寺的再開発の方法

壁中心の設計

生き生きとした一齣を繕う
——人間と自然のぶつかり合いの分析に基づいた建築の提案

敷地：静岡県吉田町住吉の養鰻池跡地　用途：—　面積：—　構造：—　階層：—

津川恵理賞

私は何の変哲も無い日常の一齣に心を動かされたり、ハッとさせられることがある。アスファルトに咲くたんぽぽ、街灯に群がる虫たち、人間と自然が互いに生き生きとぶつかり合う場面にはどこか一体感を感じ、この先どうなるのかわからない力強さを感じる。私がこれらの場面に魅力を感じるのは何か理由があるのだろうか。それを紐解くことは人間と自然の新たなあり方へとつながる手がかりになるかもしれない。

福與 栄多
Eita Fukuyo

神奈川大学　工学部　建築学科
曽我部・吉岡研究室

Planning / making	6ヶ月／1ヶ月
Next	就職（施工管理）
Inspiration	原っぱと遊園地、建築の多様性と対立性
Favorite architecture	Villa Mairea
Software	Vectorworks、Rhinoceros

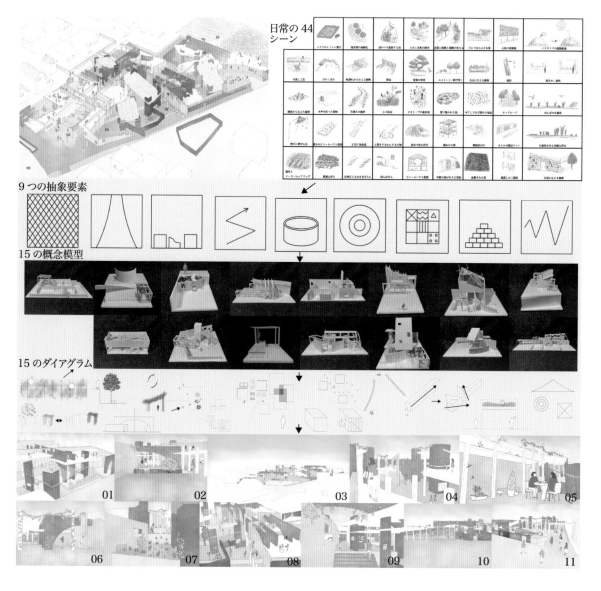

日常の44シーン

9つの抽象要素

15の概念模型

15のダイアグラム

01　02　03　04　05

06　07　08　09　10　11

人は信号に支配されている
──都市に流れる新しい「時間」の設計

敷地：表参道、渋谷、八重洲　用途：人による　面積：青信号を連続して通過した分　構造：都市＋信号機　階層：─

藤村龍至賞

都市に流れる「時間」を考えるとき、そこには必ず「目的」があるように思う。どこへ行く、何をする、誰と会う、など、「時間」は常に「目的」と対になっている。このプロジェクトでは、信号を使って、都市の新しい「時間」を設計する。「時間」から「目的」を、どれくらいはく奪できるのか、という試みだ。信号は、都市を流れる「時間」の中でも、特に異質なものとして存在し、一定のリズムを刻む信号を通過する体験は、都市の中でリズムとなって現れる。もしこれから、青信号を連続して渡ることがあったなら、それは私の建築の中にいるのかもしれない。

佐藤 可武人
Kabuto Sato
東京工芸大学　工学部　建築学科
田村裕希研究室

Planning / making	9 ヶ月／ 1 ヶ月
Next	東京工芸大学大学院田村裕希研究室
Inspiration	深夜の交差点、信号機は怠けなかった
Favorite architecture	Ark Nova
Software	Stopwatch、Illustrator、Photoshop、InDesign

1. 都市に流れる「時間」

都市に流れる「時間」を考える時、そこには必ず「目的」があるように思う。例えば、何をする、誰と会う、など、「時間」は常に「目的」と対になっている。

2. 新しい「時間」の設計

このプロジェクトでは、信号を使って都市の新しい「時間」を設計する。「時間」から「目的」をどれくらい剥奪できるか、という試みだ。

3. 関連事例のリサーチ

偶然性をアート作品にしたり、人為を超えた動きをノーテーションにしている事例は複数あるが、日常の都市に流れる「時間」を扱った例は少なく、卒業設計のテーマとした。

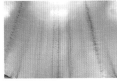

4. 独立した奇妙なリズム

信号は、都市を流れる「時間」の中でも、特に異質なものである。ランダムな時間の中で、信号だけが唯一、常に一定のリズムを刻んでおり、信号機を通過する体験も、リズムとなって現れる。

site1- 日常の中の都市の体感の記憶

5. 信号の分布から都市を見る

信号の分布に特徴のあるエリアの配置図。全ての信号機をプロットする。

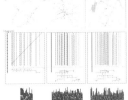

omotesanndo　　shibuya　　yaesu

6. 点滅時間の計測とダイアグラム化

信号をプロットしたエリアで「赤／青」の点滅時間の計測を行った。上はそのダイアグラムである。横軸を「距離」、縦軸に「時間」をとり、道順に沿って並べた。信号には、「ある方向」があることがわかり、ある一定速度の交通を優先させるように、信号同士が連動していた。

7. 信号は都市の脈動である

「リズムの連動」はそれがそのまま「都市の脈動としての顕在化」であり、つまり「信号のリズムこそが、都市の脈動なのである」と思った。

site2- 都市の脈動／信号の及ぶ範囲

[30分の特定のルート]

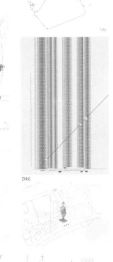

8. 新しい「時間」を設計する

都市の中に点在させるパビリオンと、そのパビリオンを経由する特定のルートを設計する。このルートを歩いている限り、信号機に止まることなく、都市を歩き続けることができる無遅延ルートとなっている。

9. パビリオン

パビリオンは、信号機同士のリズムのギャップがある場所に立てる。歩いている人を引き込み、時間を調節して次の信号に送り出すとともに、都市の中での特異な視点場としてルートにアクセントを与える。

空想建築

私が大学 1 年生の持ちから日々続けている「空想建築」の絵日記。日付と、当時目の前にあったモノ［ここでは赤く描かれているもの］に、空想上のカタチを付加している。「意味」や「機能」を喪失した空間を構想するために、日々続けてきたもの。このドローイングにも私の 4 年間という時間が流れている。

第20次卸売市場整備計画
——淀橋市場の50年後を5年ごとに見直す設計手法の提案

敷地：北新宿 淀橋市場　用途：卸売市場　面積：2.4ha　構造：S造、RC造　階層：5階

オンライン賞

これから50年先の未来を予測しきることはできるだろうか。この整備計画は、2070年までの段階的計画を、一旦設計しながらも、5年ごとに2070年の計画を見直す手法を提案するものである。世の中の環境に適応し、空間を変遷させながら時を刻む建築。ヒューマンスケールを超えた市場空間を、近隣住民と伴走しながら地域交流の場として開いていく。そんな魅力ある空間を、この場所に提供し続けることを提案する。

小山 大輝
Daiki Koyama

東京理科大学　理工学部　建築学科
岩岡竜夫研究室

Planning / making	5ヶ月／3週間
Next	東京理科大学大学院岩岡竜夫研究室
Inspiration	Sagrada Família
Favorite architecture	Sydney Opera House
Software	Rhino

私小説『家』
——オノマトペを設計手法とした空間化の提案

敷地：東京都江東区大島　用途：自邸　面積：100㎡　構造：RC造　階層：5階

来場者賞

オノマトペとは日常の中で人の感情を繊細に表す言葉である。現代のありふれた住居体系の中で、日常的に空間の中からオノマトペを感じ取ることは住み手にとっての在るべき暮らしの形やふるまいを獲得できる手立てではないだろうか。住み手自身がもつオノマトペを住居空間の設計手法に組み込むことで『家』をより豊かにする可能性を提案する。

本設計では私自身のふるまいと経験や記憶からオノマトペの断片を抽出し、空間を構成する。

飯田 夢
Yume Iida
法政大学　デザイン工学部　建築学科
赤松佳珠子研究室

Planning / making	3ヶ月／4週間
Next	法政大学大学院赤松佳珠子研究室
Inspiration	オノマトペ
Favorite architecture	太田市美術館・図書館
Software	Rhinoceros、Photoshop、Illustrater、AutoCAD

私小説『家』

オノマトペを設計手法とした

空間化の提案

配置図兼1F平面図

顔を洗い朝の始まりを知らせるとともに、朝日の柔らかい光が壁を通して私を包み込む。

光に包まれるように × ぼわっ

草木が伸びるように私の生活も上へ展開していく。階段が生活の一部一部に関わり合ってほどけていく。螺旋

草木が持つ垂直性 × すくすく

空を眺めながらぼーっと考え事をしていると時間がほんの少し経っている。

厠だけの時間の歪み × ぽかん

小さな隙間から差し込む光が、幼い頃に押し入れで秘密基地ごっこをしていた情景を思い出させる。躙口に小さな半地下の秘密基地は誰にも見つからない私だけの空間だ。厠には不思議な時間の歪みを持つ。

こどものころ夢にまでみた秘密基地 × どきどき

101選・目次

住分解
──規格化の再解釈による都市的場所性の創出

敷地：愛知県名古屋市長者街　用途：集合住宅　面積：14,000㎡　構造：RC造　階層：7階

大地の上で人間が活動する際、暮らしに豊かさを求め人間のさまざまな欲求から建築がモノづくりによってつくられた。しかし高度経済成長期の機械化の中でモダニズム建築が流行し、建築は機械的につくることのできるよう規格化されたことでモノづくりから離れ工業製品となってしまった。土地の区画、ビルの構造とコントロールできないほど巨大化し単純化された「規格」を都市での職住関係から再解釈しスケールダウンさせることで本来の建築の場所性をもたせ都市における暮らしを再構築できるのではないか。

伊藤 稚菜

Wakana Ito

愛知工業大学　工学部　建築学科
安井秀夫研究室

Planning / making	4ヶ月／3週間
Next	芝浦工業大学大学院原田真宏研究室
Inspiration	クラシック（ドヴォルザーク）
Favorite architecture	サンティアゴ・カラトラバ
Software	Archicad、Illustrator、Photoshop

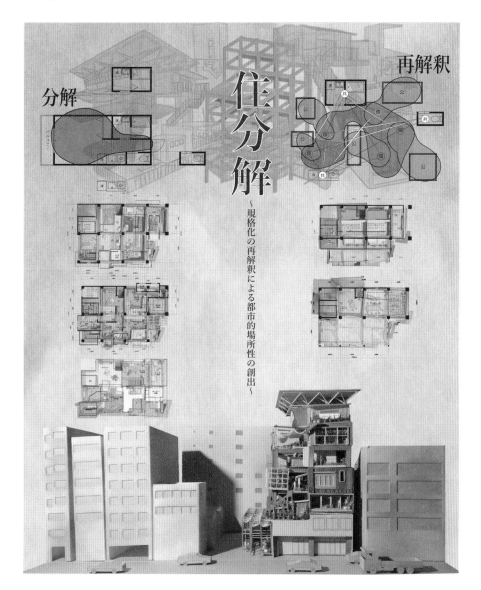

そうは問屋が卸さない

敷地：岐阜県多治見市本町界隈　用途：工房、問屋　面積：149㎡　構造：Ｓ造　階層：2階

一度切断された、町と地場産業の生業を接続する為に、町に点在する陶器商の倉庫に着目しその躯体に依存しながら、現在の営みを建築内部へと引き込む。そこから派生する流れがこの町を再び豊かにすることを願って。

渡邉 愛友
Manayu Watanabe

愛知淑徳大学　創造表現学部　創造表現学科
間宮晨一千研究室

Planning / making	5ヶ月／2ヶ月
Next	名古屋市立大学大学院
Inspiration	不確定
Favorite architecture	長坂常
Software	Vectorworks、Photoshop

収穫する都市
──農業を媒体とした都市型コミュニティ施設

敷地：博多区 旧青果市場跡地　用途：複合施設　面積：6,800㎡　構造：木造　階層：21 階

現在の食糧生産・流通システムは田舎の農地でつくられた作物を都市へと流通するものである。しかし、増え続ける都市部の人口を支える為にはその関係性を再考しなければならない。そこで都市における垂直型農業施設を提案する。より少ないフットプリントで作物を生産し、レストランや青果市場へと提供される。「生産」と「生活」が共存していくことで垂直型農業施設が地域の拠点となってゆく。

中山 翔太
Shota Nakayama

麻生建築＆デザイン専門学校　建築工学科

Planning / making	5 ヶ月／ 2 ヶ月
Next	麻生建築＆デザイン専門学校建築士専攻科
Inspiration	MVRDV の Pig City
Favorite architecture	エストニア国立博物館
Software	Archicad、Rhinoceros

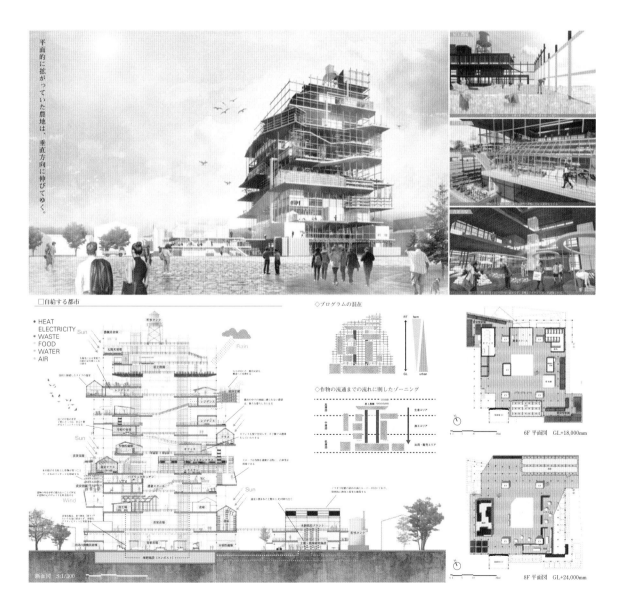

益子の窯元再編計画
——陶芸空間の事物連関に潜む可能態

敷地：栃木県益子町　用途：窯元複合　面積：2,500㎡　構造：木造　階層：1〜2階

益子町の城内坂通り（観光通り）に面する既存の窯元を、かつての窯業・農業・林業の相互扶助的な関係に倣いながら、現代の地域ネットワークを再編成する場へとアップデートする計画。陶芸空間を作業としての空間と、町の事物連関の一部としての空間と捉え、異なる産業間で事物（資源、自然、技術）を共有する空間言語へと翻訳し敷地全体にレイアウトすることで建築を構成した。産業固有の事物を町全体で共有することのできる、生き続ける益子産業、建築のあり方を模索した。

武部 大夢
Hiromu Takebe

宇都宮大学　地域デザイン科学部　建築都市デザイン学科
遠藤康一研究室

Planning / making	1ヶ月／2ヶ月
Next	横浜国立大学大学院 Y-GSA
Inspiration	益子町の城内坂通り
Favorite architecture	東京カテドラル聖マリア大聖堂
Software	Vectorworks

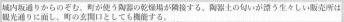

城内坂通りからのぞむ。町が使う陶器の乾燥場が隣接する、陶器土の匂いが漂う生々しい販売所は観光通りに面し、町の玄関口としても機能する。

屋根は奥に行くに連れて高さを落とし、ずるずると引きずり込まれるようなアプローチ。

休憩をする農家と釉掛けをする職人が乾燥棚を境界に同居する。農家と職人が土の知識を共有するきっかけになるかも。

傾斜に沿って、野菜の加工から販売がシームレスにつながる

現代の産業を空間と事物の双方で結びつける新たな窯元の提案

農家と職人のモノづくり空間がオーバーラップし、人と人との関係が動的に発展する。野菜と陶器の乾燥棚は、時期をずらして共有して使う

薪の乾燥小屋は観光客の視線を緩やかに遮る。薪の増減によって毎日の風景が変わる

大地の子

──今日的地形が広がる都市に築くまちと子供たちのための3つのコウテイ

敷地：天王寺区真田山地域　用途：校庭・複合公共施設　面積：2,250㎡　構造：RC造・木造・S造　階層：1〜2階に相当

都市化が進行し、高密に詰まって人が住むことは魅力的だが、同時に何かが塗りつぶされるように思う。

真田山のそれは、「大地の子」という空間だ。私は心底その空間資本を守りたいと思った。

そこで、校舎の増築により失われた子どもたちの校庭を、上町台地の地形と子どもたちのアクティビティが生み出す刹那的空間を建築化することにより創る。

3つの建築は真田山のコウテイ（高低・校庭・公体）として、まちの空間資本を守る存在となる。

中野 雄介

Yusuke Nakano

大阪大学　工学部　地球総合工学科
木多道宏研究室

Planning / making	5ヶ月／4週間
Next	大阪大学大学院木多道宏研究室
Inspiration	『大阪』（岸政彦・柴崎友香）
Favorite architecture	菊竹清訓
Software	Illustrator、Photoshop

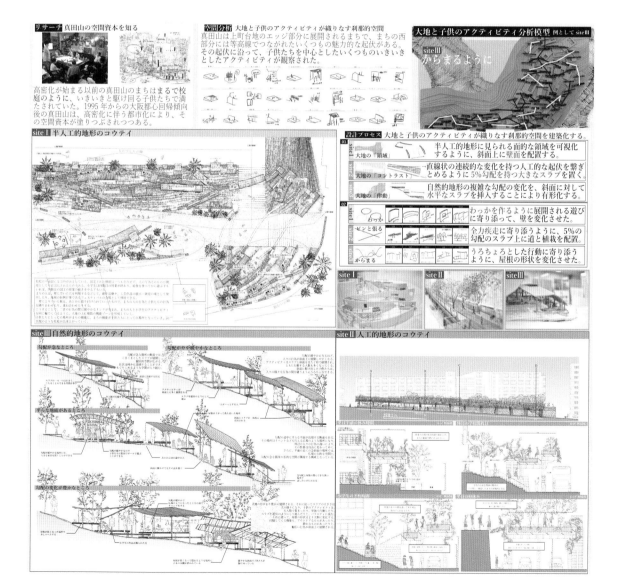

一刻の輪廻
──小津安二郎映像メタバース

敷地：三重県・松坂城跡　用途：映像体験空間　面積：10,000㎡　構造：RC 造　階層：3 階

三重県松阪市松坂城跡。1588 年蒲生氏郷が築城して誕生したこの城下町は豪商の町として栄え、1900 年代には映画作家・小津安二郎を育てた。人それぞれが想う城跡の形を裏切らないために実在の城跡には手を触れず、この土地で育った小津安二郎の映画作品を遺す。その土地で育った人をメタバースに遺すことで時代性によって変化する歴史を編集しやすくし、後世へ物語を継承するプロローグとなる。

宇野 香 ナバラトゥナ
Kaori Navaratne Uno

大阪工業大学　ロボティクス＆デザイン工学部
空間デザイン学科
建築デザイン研究室

Planning / making	1 ヶ月／ 1 ヶ月
Next	大阪工業大学大学院建築デザイン研究室
Inspiration	小津安二郎
Favorite architecture	ワタリウム美術館
Software	Rhinoceros、Photoshop、Illustrator

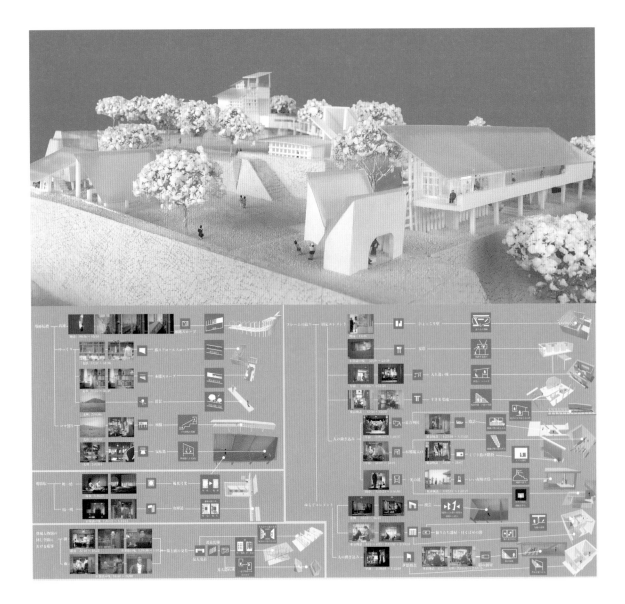

循環のなかの建築

敷地：東京都町田市相原町　用途：パン屋　面積：200㎡　構造：木造　階層：2階

現在、自然・人間・建築は別々のものとして認識されている。かつてそれらの境界は曖昧であった。現代において自然・人間・建築が深く結びついたとき、そこにはどんな風景が広がるだろうか。

あらゆる事物の循環のなかに建築を位置付ける。循環によって、他者と自己の関係は抜き差しならないものとなり、次第にその境界はぼやけていく。

パン屋での活動をきっかけに、自然・人間・建築がより近い存在になることを期待している。

木下 昌紀

Masanori Kinoshita

神奈川大学　工学部　建築学科
曽我部・吉岡研究室

Planning / making	4ヶ月／3週間
Next	未定
Inspiration	植物や街並みなど
Favorite architecture	ヤマトインターナショナル
Software	Rhinoceros、Vectorworks、Photoshop、Illustrator、Procreate

循環を生み出す要素

循環と行動

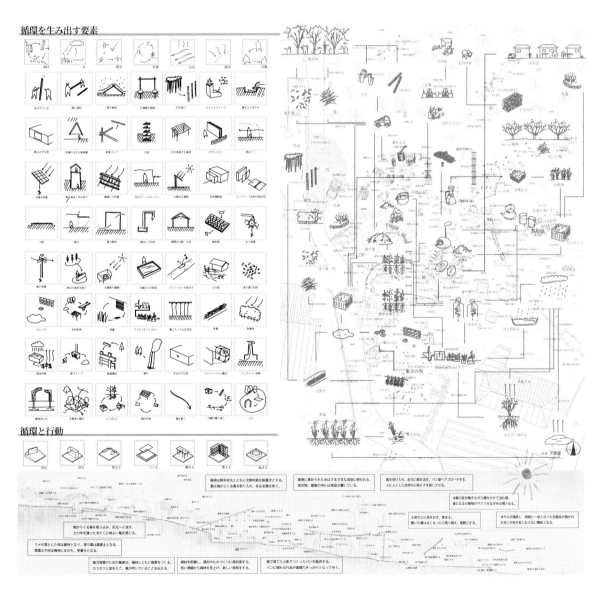

興復のとりで
——観音崎公園における歴史的財産と暮らしの融合

敷地：観音崎公園　用途：公共建築　面積：2,000㎡　構造：RC造　階層：6階

観音崎公園は歴史的資産を多く有しており、公園内の維持管理のほとんどは地域住民のボランティア活動によって行われている。現在では周辺住民の高齢化や施設設備の老朽化も相まって公園利用者数も減少傾向にある。本提案では、観音崎に残る記憶を地域住民が知り後世に継承していくことを目的とし、地域住民が観音崎の歴史や生態系を学びながら、同時に遺構の新たな活用方法を模索するためのボランティア拠点を提案する。

毛利 菜稜
Nazumi Mouri

神奈川大学　工学部　建築学科
曽我部・吉岡研究室

Planning / making	6ヶ月／—
Next	工務店（設計）
Inspiration	ボランティア活動
Favorite architecture	地中美術館
Software	Archicad、Vectorworks

アナタとワタシとワタシタチ
──心理的距離にみる両義的空間の形成

敷地：仮想都市　用途：住宅　面積：65㎡　構造：SRC 造　階層：2 階

私が現代のリートフェルトなら、コロナを経た人々の「人を感じて生きたい」という「集団欲」を満たす時間に「幸せ」があると考える。「一人でありながら一人ではない」というような「両義的な空間」と感じる、プライベートとパブリックな行為両方を兼ねた「リビング」を構成する。実空間と虚空間に可処分時間というライフクオリティに直結する時間を分け、それらが共存する未来の住宅モデルの設計手法を提案する。

山口 琉佳
Ruka Yamaguchi

関西大学　環境都市工学部　建築学科
建築史研究室

Planning / making	6 ヶ月／1 週間
Next	関西大学大学院建築史研究室
Inspiration	リートフェルト、カルロ・スカルパ
Favorite architecture	シュレーダー邸
Software	Archicad、Illustrator、CLIP STUDIO

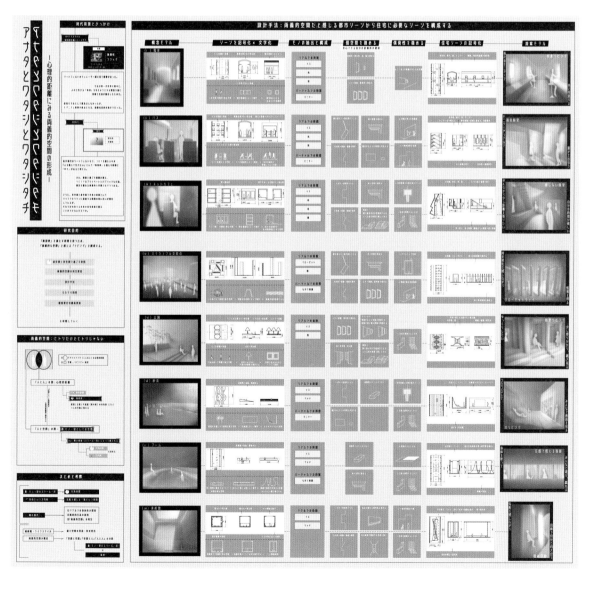

朝のしじみ縁
──朝屋台でつながるまちの提案

敷地：松江の中心地　用途：屋台建築　面積：1,000㎡　構造：しじみ基礎構造　階層：1階

松江ではかつて、しじみ売りが早朝からしじみを売り歩く光景がよく見られ、また、早朝のしじみ漁の様子は松江の朝の風物詩である。

そんな松江に、松江市民の朝のソウルフードであるしじみ汁を食べることができる朝屋台を計画する。朝屋台と町の機能をセットにし、屋台を構成する基礎に多様性をもたせることで町の機能にあったさまざまな屋台をつくり、松江の新たな朝の風景を提案する。

舟津 翔大
Shodai Funatsu

北九州市立大学　国際環境工学部　建築デザイン学科
藤田慎之輔研究室

Planning / making	1 ヶ月
Next	北九州市立大学大学院藤田慎之輔研究室
Inspiration	しじみ汁
Favorite architecture	MOUNT FUJI ARCHITECTS STUDIO
Software	Rhinoceros、Photoshop、Illustrator、Procreate

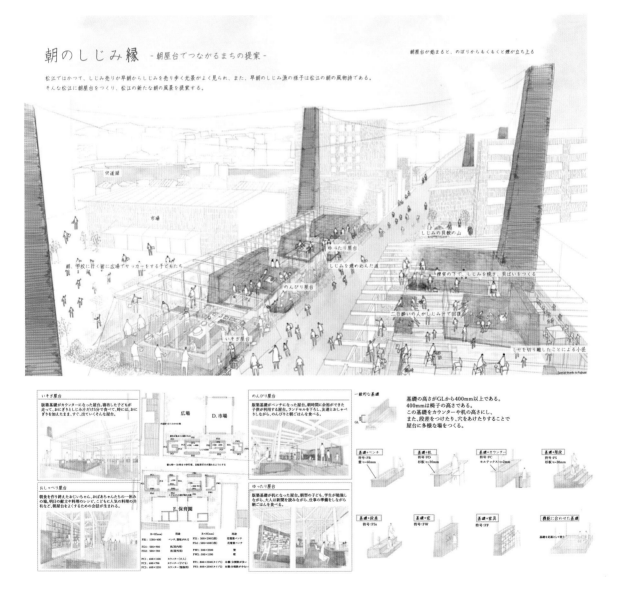

ECHOING NATURE
──珊瑚を用いたバイオミミクリーによる環境共生建築

敷地：大阪府大阪市中之島周辺　用途：集合住宅　面積：100,000㎡　構造：Ｓ造、SRC 造　階層：27 階

人々のエゴにより地球が壊れつつある現実に見て見ぬふりをしていた人間は、COVID-19 が瞬く間に流行した日を境に自らの現状の危うさに気が付いた。日々の生活や行動を鑑みて環境に対する意識を変えなければならないのは言うまでもない。ましてやエネルギーを大量に使う建築物であればなおさらであろう。今こそ、快適性を求め、自然を支配してきたかつての建築ではなく、自然に寄り添い、呼応し、共生する空間を考えるべきなのである。

小原 可南子
Kanako Kohara

九州大学　工学部　建築学科
末光弘和研究室

Planning / making	5 ヶ月／3 週間
Next	九州大学大学院末光弘和研究室
Inspiration	Antoni Gaudí
Favorite architecture	Ludwig Mies van der Rohe
Software	Rhinoceros、Grasshopper、V-ray、Adobe

溜まり場
―― 衰退する町屋街区で遊水地と展開する生活域

敷地：熊本県人吉市　用途：遊水池・共用庭　面積：2,000㎡　構造：下階 RC 造、上階木造　階層：2 階

城下町の町割り・住宅形式を残しながらも、時代の移り変わりや水害によって徐々に衰退していく熊本県人吉市。ただ衰退していくのを待つよりも、コモンな遊水池で終わっていくのはどうだろうか。空洞化していく街区内部を遊水池とし、住民生活の共同空間として計画する。水害対策としての遊水池が、裏町としての遊水池というあり方も併せ持ち、パブリックな表通りとはまた違った、コモンな空間が形成される。本作では代表的な街区をモデルケースとして示した。

河添 美穂
Miho Kawazoe

九州大学　工学部　建築学科
志賀勉研究室

Planning / making	3 週間／1 ヶ月
Next	九州大学大学院志賀勉研究室
Inspiration	令和 2 年豪雨、出身地
Favorite architecture	オリエンテ駅、芸術科学都市（バレンシア）
Software	AutoCAD、Rhinoceros

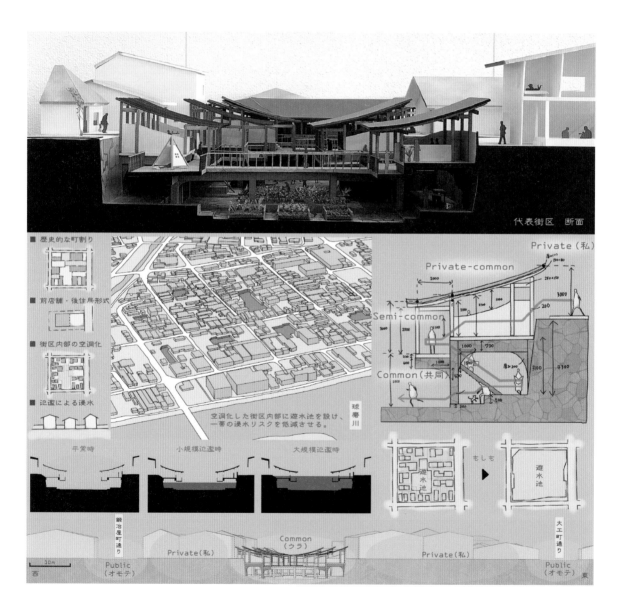

代表街区　断面

■ 歴史的な町割り
■ 前店舗・後住居形式
■ 街区内部の空洞化
■ 記録による浸水

平常時　　小規模氾濫時　　大規模氾濫時

空洞化した街区内部に遊水池を設け、一帯の浸水リスクを低減させる。

球磨川

Private（私）
Private-common
Semi-common
Common（共同）

もしも　遊水池 ▶ 遊水池

鍛冶屋町通り

Common（ウラ）

大工町通り

Private（私）　　　　Private（私）

10m
西　Public（オモテ）　　　　　　　　Public（オモテ）　東

はなれのある街
──セルフストレージ施設の再解釈

敷地：福岡市中央区荒戸3丁目10-1　用途：倉庫　面積：2,300㎡　構造：S造　階層：4階

コロナ禍によって住宅というたった1つの空間に、公私を含むさまざまな活動が圧縮され、人々は感情の切替えに苦しむこととなった。私たちには新たな依存場所が必要であると考え、低価格で住宅領域を拡張できるインフラ「セルフストレージ」に着目した。本提案では、必要のないものを住宅から押しやるという従来のセルフストレージの在り方を再解釈する。無機質だった収納空間に小さな個人滞在空間が付与されることで、セルフストレージは好きなものと過ごし、多様な活動を生み出す新たな拠点「はなれ」へと変化を遂げる。

中村 亮
Ryo Nakamura

九州大学　工学部　建築学科
黒瀬武史研究室

Planning / making	2ヶ月／2週間
Next	九州大学大学院黒瀬武史研究室
Inspiration	トランクルーム
Favorite architecture	BONUS TRACK
Software	AutoCAD、SketchUp、Rhinoceros、Lumion

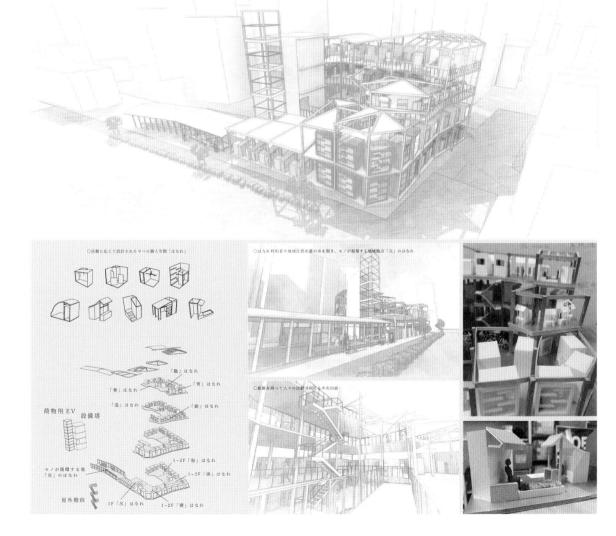

〈日常〉のバッソ・オスティナート

敷地：滋賀県大津市瀬田　用途：住宅　面積：134㎡　構造：木造　階層：2階

消費と破壊の反復ではなく、住人自ら「くうき」を価値基準に日常の痕跡をデザインし、次の住人がそれを自由に読み替える住宅更新プロセス。その連鎖のなかで蓄積し変容する「場」は、やがて「執拗低音」として文化を育む。山井家と田中家、ふた組の家族に協力してもらい、実際の対話のなかで生まれ変容した僕の卒業設計のプロセスそのものを、更地に代わる住宅更新のパラダイムの一例として、研究的に提案する。

山井 駿
Shun Yamai

京都大学　工学部　建築学科
神吉紀世子研究室

Planning / making	5ヶ月／2週間
Next	京都大学大学院神吉紀世子研究室
Inspiration	散歩
Favorite architecture	詩仙堂
Software	手描き

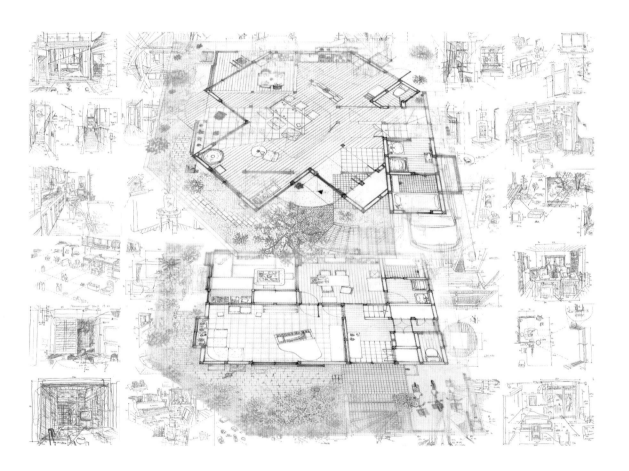

京都ギャップダイナミクス

敷地：京都木屋町　用途：空き地、路地　面積：—　構造：S造　階層：—

ギャップに対して可能性を見出し、その境界に働きかけることでこの街の人たちはギャップを育てていく。そしてギャップが人の生活をつくり、人の生活がギャップを形づくるというダイナミクスの中でそれぞれはお互いにかけがえのないものになる。人はギャップの境界に働きかけることはできてもギャップそのものに触れることはかなわない。そのような超えられないもの、すなわちギャップの中にこそ本当の愛は生まれるのではないだろうか。

若松 晃平
Kohei Wakamatsu

京都大学　工学部　建築学科
平田晃久研究室

Planning / making	2ヶ月／2週間
Next	京都大学大学院平田晃久研究室
Inspiration	『路地裏の京都』（甲斐扶佐義）
Favorite architecture	平和記念聖堂
Software	Rhino7、Illustrator、Photoshop

家族のように暮らす集落シェアハウス
──外とつながる　中でつながる

敷地：滋賀県彦根市石寺町　用途：シェアハウス　面積：2,400㎡　構造：木造　階層：地上2階

美しい自然や近隣の人々との繋がりが感じられる豊かな集落で、地域住人と都市部の人が協力しながら共に暮らせる「集落シェアハウス」を提案する。
住人は個室を持ちつつ、毎日の食事をともにし、家族のような適度な距離感で助け合いながら生活する。子育てや暮らしの困りごとを一人で抱え込まず、気軽に相談できる、みんなに優しい暮らしを目指して。

西川 実穂
Miho Nishikawa

京都芸術大学　通信教育課程
デザイン科　建築デザインコース

Planning / making	6ヶ月／2ヶ月
Next	建築設計事務所
Inspiration	湖国の自然と暮らし、住人の優しさ
Favorite architecture	大西麻貴、伊藤麻理
Software	Vectorworks、Illustrator、Photoshop

集落ハウス1 みんなの庭・みんなの水場・ハウスの本棚・縁側

集落ハウス1 キッズスペース・集う廊下・カウンターデスク

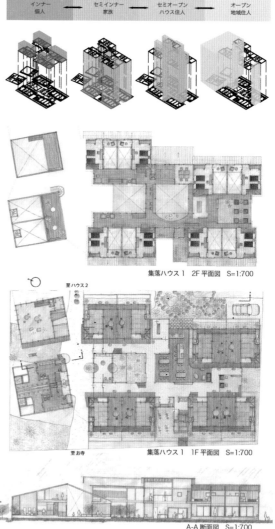

インナー　個人　→　セミインナー　家族　→　セミオープン　ハウス住人　→　オープン　地域住人

集落ハウス1　2F平面図　S=1:700

集落ハウス1　1F平面図　S=1:700

A-A 断面図　S=1:700

アートに泊まる
——音と人が交わる体験空間

敷地：広島県呉市郷原　用途：美術館、ホテル　面積：10,500㎡　構造：SRC造　階層：1階

広大な斜面地に音を楽しむギャラリーとホテルをメインとした滞在型の観光施設を設計し、地域活性化への貢献を目指した。昼と夜で利用方法を変化させることで24時間施設を活用させ、泊まれる美術館を計画。音の響き方を壁・床の形状に落とし込み、複数の変形した格子空間は不思議な魅力を放つ。魅力的な空間に地域住民と観光客を呼び込み、同じ時間を過ごした人同士の交流も図ることができる施設を提案。

植田 優花
Yuka Ueda

近畿大学　工学部　建築学科
建築意匠研究室

Planning / making	6ヶ月／1ヶ月
Next	近畿大学大学院建築意匠研究室
Inspiration	グラウンドのバックネット
Favorite architecture	SANAA
Software	Illustrator、Photoshop

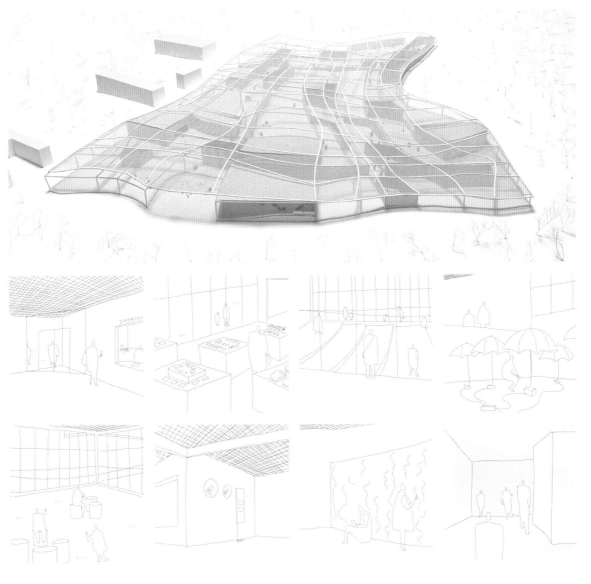

空の都
──ドローンによって開かれる辺境地

敷地：広島県三原市船木　用途：集合住宅　面積：10,000㎡　構造：SRC 造　階層：―

2050 年、空飛ぶドローンが自家乗用車となる未来。建物の上部が玄関口となり、人々の生活様式に変化が生まれる。空を飛び簡単に移動できる世界ではその場所へのこだわりが薄れるが、人々の関わり合いを増やすことで、そこは想いを寄せる場所（ふるさと）になる。敷地は、かつて西日本豪雨災害で被害を受けた場所に計画する。生活主要階が上部にあるという新しい暮らしは、災害とともに生きる人々の生活を支えていく。

小澤 叶萌
Kaname Ozawa

近畿大学　工学部　建築学科
建築意匠研究室

Planning / making	6ヶ月／2ヶ月
Next	法政大学大学院ヒューマニティデザイン研究室
Inspiration	東京オリンピック
Favorite architecture	兵庫県立美術館
Software	Photoshop、Illustrator、Rhinoceros

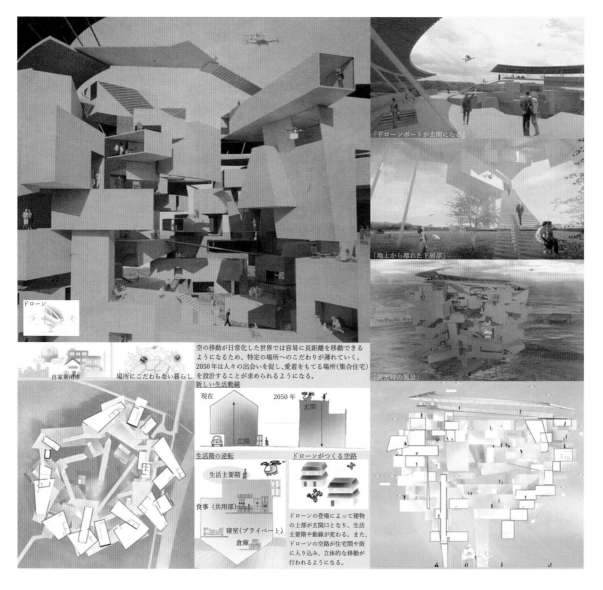

天野川沿いの子どものケア空間
──裏山から広がる風景を活かした自然と建築の融合

敷地：大阪府枚方市　用途：医療建築　面積：50,000㎡　構造：SRC造　階層：1階

社会問題として、虐待、不登校など子どもが抱える問題は多くある。裏山から広がる自然風景の中で自然の要素と建築の要素により、それぞれが抱える問題の大小に関係なく、子ども達が気軽に利用し、ケアできる空間をつくる。敷地は裏山を挟む住宅地と田んぼの境目で、七夕伝説も持つ天野川が通る場所とした。住宅地の隅の裏山を超えると、田んぼに囲まれ、のどかな風景が広がる。

小山田 絵美

Emi Oyamada

近畿大学　建築学部　建築学科
宮原克昇研究室

Planning / making	4ヶ月／4週間
Next	就職
Inspiration	―
Favorite architecture	―
Software	Rhinoceros、Illustrator、Photoshop

カドシタから拡がる図書館

敷地：山口県柳井市　用途：複合図書館　面積：4,000㎡　構造：壁式 RC 造　階層：1 階

山口県柳井市立図書館の建て替え。施設をスケールダウンさせるために、周辺住宅を引用した複数のボリュームを、カドを共有しながら連結させる。カド同士が重なる部分は、ボリューム同士の中間領域、内外の交錯点である。ここに、町の要素を挿入した「カドシタ空間」を計画し、そこから周辺へと拡げるように全体をつくっていく。施設内外や機能同士の境界が溶けていく、まちにも人にも馴染む新しい複合図書館のつくり方である。

瀬山 華子
Kako Seyama

熊本大学　工学部　土木建築学科
田中智之研究室

Planning / making	6 ヶ月／ 1 ヶ月
Next	熊本大学大学院田中智之研究室
Inspiration	卒業論文で実施した図書館の調査
Favorite architecture	武雄市図書館
Software	Illustrator、Photoshop

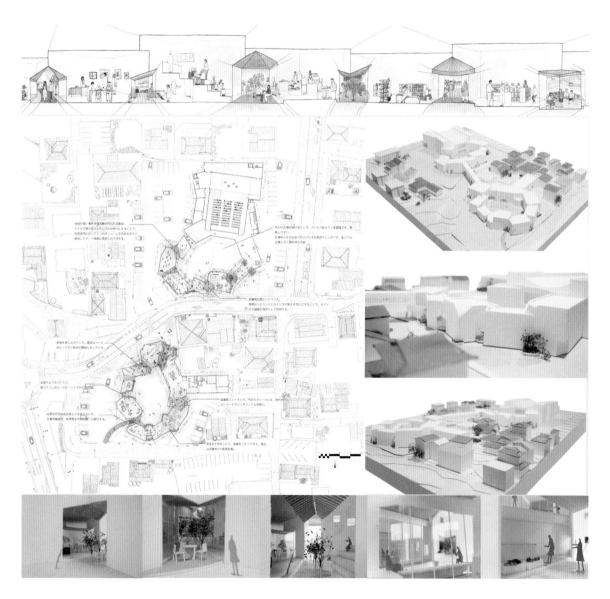

都市に伝統をつなぐために

敷地：岡山城近く　用途：博物館　面積：14,000㎡　構造：RC造+S造　階層：1階

近年の岡山県市街地の発展とともに淘汰されつつある伝統工芸。これの持つ美しさを後世につなぐためにも都市部で伝統工芸が再評価される必要性がある。そこで伝統工芸品の持つさまざまな魅力の拡声器となるような伝統工芸博物館の設計を行った。伝統工芸と都市の共通で持つ「ノイズ」という魅力に着目し、新たな展示空間を模索するとともに日本らしさ、ひいては岡山らしさとは何かを考えた。

田中 宏幸
Hiroyuki Tanaka

熊本大学　工学部　土木建築学科
田中智之研究室

Planning / making	2ヶ月／4週間
Next	熊本大学大学院田中智之研究室
Inspiration	―
Favorite architecture	養老天命反転地
Software	Illustrator、Photoshop、Revit

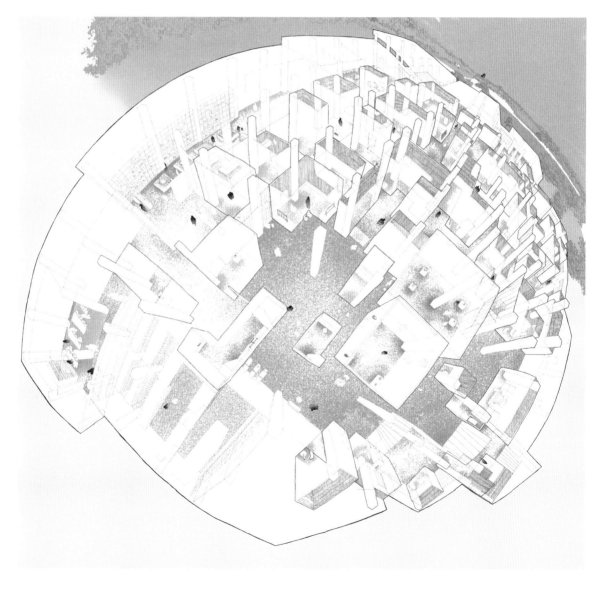

人吉遊水地計画
──建築と土木の線を借りて

敷地：人吉　用途：商業建築　面積：200,000㎡　構造：RC造　階層：1階

人吉市では令和2年の豪雨災害を受け、田園に広さ20ha・深さ8mの遊水地をつくることが決定した。自然に対して合理的に引かれる線は、人吉の日常と田園風景を壊す。人吉の日常を再び彩るために、田園風景の記憶や、遊水地に生まれる生態系、建築、土木などのいくつものレイヤーが遊水地内で複層し計画される。人吉のための建築とは何か、僕の線とは何か。今一度立ち止まり見つめ直す必要がある。ここに人吉の風景や日常を受け継ぐ土木と建築の一線を超えた新たな遊水地を提案する。

古井 悠介
Yusuke Furui

熊本大学　工学部　土木建築学科
田中智之研究室

Planning / making　　4ヶ月／4週間
Next　　　　　　　　熊本大学大学院田中智之研究室
Inspiration　　　　　『建築の難問』（内藤廣）
Favorite architecture　明治神宮
Software　　　　　　Vectorworks,Illustrator,Photoshop

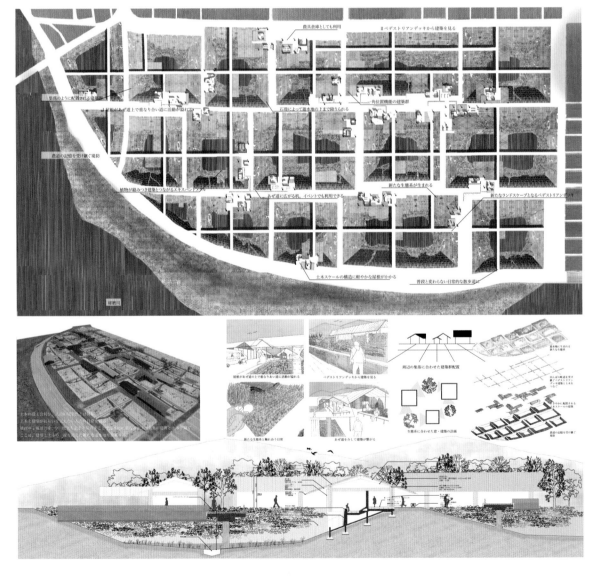

Lighting Field

敷地：Berlin　用途：—　面積：10,000㎡　構造：S 造　階層：1 階

建築とは大きな流れを分岐させる「フィルター」である。私は人工物でも自然物でもないフィルターにより、太陽光が半分コントロール、半分自然発生する光場（Lighting Field）を考える。私は、Neue Nationalgalerie の形態を借りて光場を発生させた。そして、均質空間に対して時間変化する光コンタの空間を提案する。24 時間、365 日光コンタは変化し、夏至冬至の 12 時に光柱となる。観測者は光場の強弱によってアクティビティを発見する。

野田 元
Hajime Noda
慶應義塾大学　総合政策学部
松川昌平研究室

Planning / making	6 ヶ月／3 週間
Next	慶應義塾大学大学院松川昌平研究室
Inspiration	自然
Favorite architecture	KAIT 工房
Software	Rhinoceros、Visual Studio、Adobe

茶源郷
──和束町における茶の生産と人々の暮らしを結ぶ地域拠点

敷地：京都府和束町の中心地　用途：公共施設、宿泊施設、工場　面積：10,000㎡　構造：S造　階層：1階

宇治茶の主産地である京都府和束町。町全体に茶畑が広がり、美しい景観を誇る一方で、茶農家の高齢化や後継者不足が問題となっており、このままでは美しい茶畑景観が失われてしまう可能性がある。そこで茶の生産と人々の暮らしを結び、和束町を「茶のまち」として確立するための建築を提案する。観光のエリアと暮らしのエリアの境界となっている南北を茶畑の丘に囲まれた敷地で、茶農家、町民、観光客の交流が生まれる。

赤川 舞花
Maika Akagawa
神戸大学　工学部　建築学科
末包伸吾研究室

Planning / making	5ヶ月／1週間
Next	神戸大学大学院末包伸吾研究室
Inspiration	茶畑、霧
Favorite architecture	スイデンテラス、瞑想の森
Software	Rhinoceros、Illustrator、Photoshop

茶畑と夕焼けに包まれる宿泊室

カフェで和束茶を使った料理が楽しめる

和束町の景色を望める図書室

広場から吹き上がる碾茶が見える

茶源郷祭りでは広場がにぎわう

工場を見ながら石臼体験をする

茶畑の景色を眺めるコモンスペース

平面図

今日はもうすぐ雨が降るらしい

敷地：三宮駅近く　用途：集合住宅兼立体都市公園　面積：5,000㎡　構造：RC 造　階層：多層

どの時代においても、雨は私たちの生活と切り離せない関係にある。生活が便利になってきた一方で、雨だけはいまだにコントロールできないものであり、現代人の生活に"変化"を与えるものである。時々刻々と社会や地球環境が変化する今、そしてこれから先、私たちはどう雨と関わっていくべきなのだろうか。雨という天気は空から水が降ってくるという私たちの一番身近な異常であると考える。建築を通して雨の存在をもっと感じて地球に耳を傾けてほしい。

岩橋 美結
Miyu Iwahashi

神戸大学　工学部　建築学科
栗山尚子研究室

Planning / making	3 ヶ月／1 ヶ月
Next	就職
Inspiration	六甲山に降る雨
Favorite architecture	六甲枝垂れ
Software	Rhinoceros、SketchUp、Illustrator、Photoshop

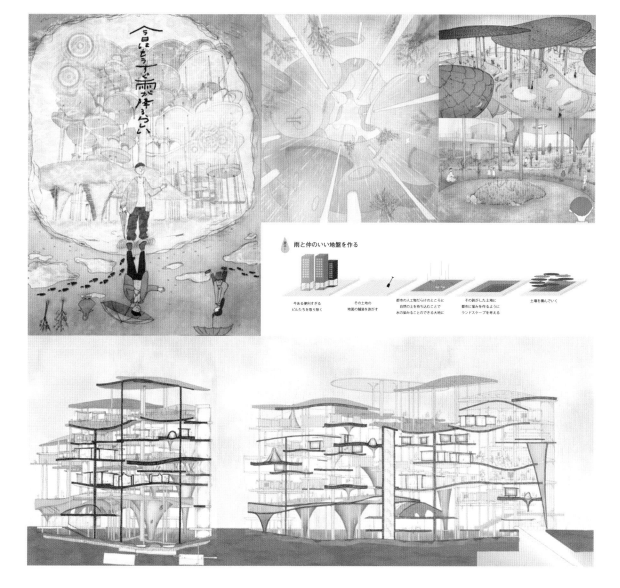

未来への憧憬
——コモンズを通じてつくる、退院後の白血病患者の居場所

敷地：大阪府枚方市　用途：福祉施設　面積：15,000㎡　構造：RC造　階層：1〜2階

身近に、白血病を患った人がいる。白血病の患者は、退院してから完全に回復するまで、他の一般でいうがんなどよりもかなり長い期間を要する。彼は退院してからも部屋にずっといなければならず、他の人との関わりが薄いままである。そんな様子を見て、退院後の白血病患者が社会復帰までに過ごせる居場所が必要なのではないかと考えた。患者はコモンズを通じて、回復とともに少しずつ社会との関わりを取り戻していく。

木﨑 理沙
Risa Kisaki
神戸大学　工学部　建築学科
末包伸吾研究室

Planning / making　　5ヶ月／4週間
Next　　　　　　　　神戸大学大学院末包伸吾研究室
Inspiration　　　　　　未来
Favorite architecture　豊島美術館
Software　　　　　　　Rhinoceros、Illustrator、Photoshop

初期　　中期　　後期

0　　　20

横濱観察譚
──野毛町の構成言語を用いたみなとみらいを観察する劇場の提案

敷地：みなとみらい地区　用途：公共施設　面積：それほど大きくない　構造：さまざま　階層：さまざま

横浜・みなとみらい地区を観察すると、トップダウン的で観光客優位な街であるが故の問題が潜んでいる事がわかる。それらを隣接する下町・野毛町の構成言語（「隙間の活用」「イショウ」「劇場」）を用いて解消する。
設計した10個の劇場兼パブリックスペースは、トップダウン的な街の風景を下町と相対化し懐疑的に観せると共に、みなとみらいで生活する人に新たな価値観と住民自治の可能性を観せる。

西村 涼
Ryo Nishimura

神戸大学　工学部　建築学科
光嶋裕介研究室

Planning / making	1年／1ヶ月半
Next	東京工業大学大学院塩崎太伸研究室
Inspiration	映画や小説
Favorite architecture	Sagrada Família
Software	Photoshop、Illustrator、Rhinoceros

01 時が止まったエスカレーター

02 消えない大きな壁

03 変わり続ける対岸

04 雨の中からケーブルカーを

05 フェイクグリーンの隣で

06 子供が遊べない街

07 小さな空の下

08 隠された自転車

09 休めない人たち

10 二つの世界の狭間で

ことばの輪郭をなぞる
──大和言葉から空間を考える

敷地：─　用途：─　面積：─　構造：─　階層：─

本制作は言葉に形を与え、歌を読むように、詩を書くように空間を構想する試みである。

自分を中心とした出来事と心の揺れ動きに音を与えて生まれた「大和言葉」。

そこに宿る情緒や情感のようなものを言葉、図像を用いて手繰り寄せるように設計を行った。

これは言葉を出発点とした空間設計におけるひとつの手法であると同時に、言葉と空間、制作を頼りにして行った私と世界との対話である。

阪口 雄大
Yuta Sakaguchi

神戸芸術工科大学　芸術工学部　環境デザイン学科
畑友洋研究室

Planning / making	22 年と 10 ヶ月／ 12 ヶ月
Next	神戸芸術工科大学大学院畑友洋研究室
Inspiration	日常生活・会話
Favorite architecture	本福寺 水御堂
Software	Illustrator、Photoshop、Lightroom、SketchUp、Rhinoceros

ことばの輪郭をなぞる
-大和言葉から空間を考える-

日常を生きる中、
例えば雨の音や光の射し方、あるいはふと訪れた建築。
機能や用途、目的を超えて自分が体験する空間に感動することがある。
同じように何気ない言葉や文章、家族に感極まって涙することがある。

空間やことばにあらわれる微妙なニュアンス
自らの心の揺れ動きを通して向き合いたい、
徹像にも形にしてみたいと考えた。

ことばを出発点として空間をつくります。
主観に基づき、ことばと文章、それらに形を与えました。

【言葉との対話】

ことばから連想されるイメージや情感を
図像を通した視覚イメージから分析を行い空間を設計した。

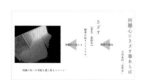

【2首の歌、1節の文章、42のことば】

あひ見ては
なぐさむやとぞ思ひしを
名残しもこそ恋しかりけれ
　　　　　　「拾遺集」
天雲の
たゆたひ来れば
九月のもみちの山も
うつろひにけり
　　　　　　「万葉集」
さるやんごとなきあたり夫人が、
涙ながらの懺悔を
思いめぐらし居たる事あり
─芥川龍之介「るしへる」

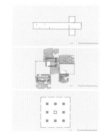

遭遇するぼっちーず

敷地：福岡市 / アイランドシティ　用途：公民館×複合施設　面積：1,970㎡　構造：RC造　階層：2階

ひとり焼き肉やひとりカラオケなど、「ひとり」を重要視するようになった現代社会において、ひとり空間は商業空間での発展が著しい。しかし、公共空間においては集団への受け皿としては十分であるものの、ひとりでふらっと立ち寄ることのできる場は少ない。ガーデニングや○○教室といった、日常の集団活動が行われる公共空間の中にひとり空間を点在させることで、ひとりで在りながら集団にも在ることの出来る施設を提案する。

佐藤 竜樹
Tatsuki Sato

佐賀大学　理工学部　都市工学科
宮原真美子研究室

Planning / making	3ヶ月／1.5ヶ月
Next	佐賀大学大学院宮原真美子研究室
Inspiration	『ひとり空間の都市論』（南後由和）
Favorite architecture	Villa Mairea
Software	Vectorworks、Illustrator、Photoshop

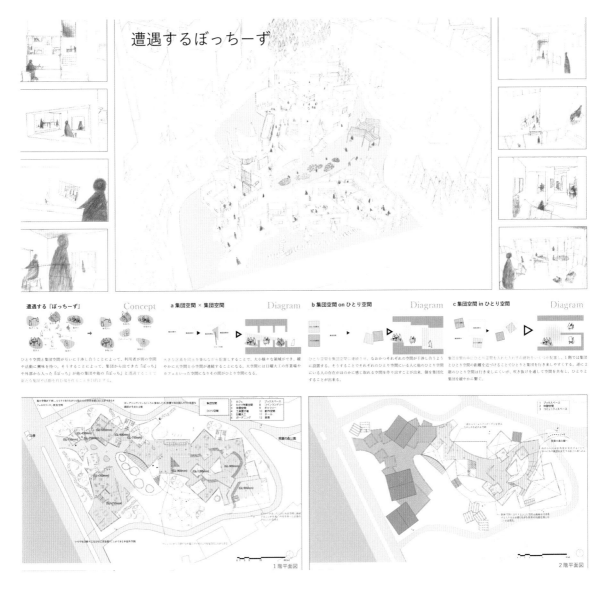

遭遇するぼっちーず

恋とデジャヴ
——情景化する都市の記憶

敷地：兵庫県神戸市三ノ宮駅前　用途：―　面積：4,400㎡　構造：S造、RC造、SRC造　階層：3～10階

街の変化に無関心になってきた私たちは、街と自身の記憶が乖離しつつあることに気づかない。一方で、街を歩いていてふと湧き上がってくる情景的記憶には、現代を生きる私たちが忘れつつある街と人とのつながりやこれからの街の可能性が含まれているのではないだろうか。都市に住む中で蓄積されてきた記憶を手がかりに、感情と経験の2つの要素から街の情景的特徴を観察し、「情景化」による街の新たな更新の物語を綴る。

野崎 陸大
Rikuhiro Nozaki

滋賀県立大学　環境科学部　環境建築デザイン学科
芦澤竜一研究室

Planning / making	2ヶ月／3週間
Next	組織設計事務所
Inspiration	―
Favorite architecture	京都駅
Software	Autodesk、Rhinoceros、Illustrator、Photoshop

呼吸する建築

敷地：浜名湖水上　用途：研究施設、市場、宿泊施設　面積：―　構造：Ｓ造、一部 RC 造、木造　階層：3 階

浜名湖に浮かぶ人工の島はまるで呼吸をするように他者を引き込み、排出する。水質改善→生態系回復によってかつて見られた人、物、文化の往来を再構築する。長い時間をかけて人間を含むさまざまな生物が建築をつくる、侵食する状態も「自然」と呼べるのではないだろうか。人間のためでは無くなった建築も生物のために残り続け、生活と生業、そして循環が生まれる。履歴は残り、更新を続けていくことで初めて「共生」となる。
島がつくる骨格が生態系を取り巻く環境を蘇生する。

有田 晃己
Kouki Arita

静岡理工科大学　理工学部　建築学科
田井幹夫研究室

Planning / making	3 ヶ月 / 4 週間
Next	静岡理工科大学大学院田井幹夫研究室
Inspiration	半屋外空間で動植物や人間が共存した風景
Favorite architecture	内藤廣、Alvar Aalto、Geoffrey Bawa
Software	AutoCAD、Illustrator、Photoshop

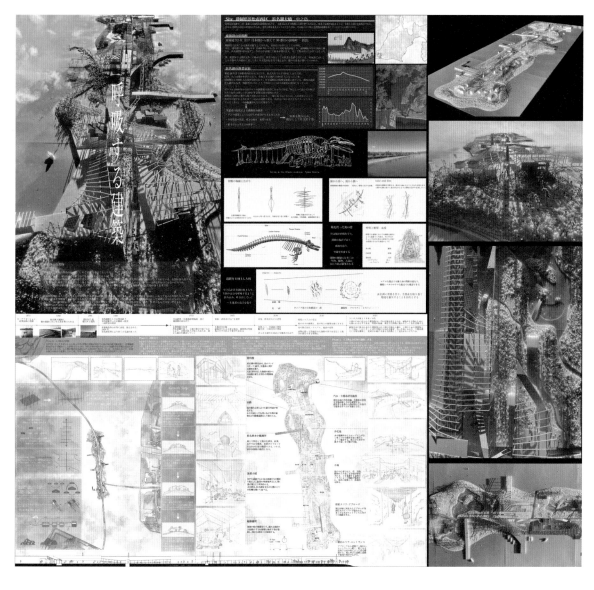

こどもホスピスの森
――人を迎える場の創出で認識を変える

敷地：旧西東京警察病院跡地　用途：医療・福祉施設　面積：29,097㎡　構造：木造ラーメン　階層：2階～地下1階

こどもホスピスとは、治療が受けられる場所で家族と重い病気を持つ子どもが豊かな時間を過ごす施設である。ここは病院建築と死を待つ場所という負のイメージによって行動・印象制限を受け、助けを求めづらくなっている。そこでランドスケープデザインなどさまざまな建築的操作を行い、人々を迎える場所かつ居心地の良い場所をつくることで、認知してもらい関わることで生の認識に変わるきっかけづくりをする。

漆原 史織
Shiori Urushihara

芝浦工業大学　建築学部　建築学科
小堀芳秀研究室

Planning / making	8ヶ月／1ヶ月
Next	芝浦工業大学大学院小堀芳秀研究室
Inspiration	山口情報芸術センター
Favorite architecture	ヒルサイドテラス
Software	Revit、AutoCAD、Lumion、SketchUp

すみひらき
──都市の木造住宅密集地域における再開発と改善の提案

敷地：東京都杉並区高円寺南　用途：集合住宅　面積：4,065㎡　構造：木造　階層：2〜4階

日本には全国各地に木造住宅密集地域がある。かつて日本の街ではちょっとした路地空間・家の庭先などが街に対して開かれ、人の居場所になってきた。それらは街のコミュニティーの拠点として重要な役割を担ってきた。しかし建て替えられると同時にそれらは周囲に対して閉鎖的な空間となってしまっているのが現状だ。本設計では現状の街の良い環境は残し、悪い点は改善する形での街の更新の手法を提案する。

川合 里歩
Riho Kawai

芝浦工業大学　建築学部　建築学科
郷田修身研究室

Planning / making	3ヶ月／3週間
Next	芝浦工業大学大学院郷田修身研究室
Inspiration	街歩き
Favorite architecture	内藤廣
Software	PC:Photoshop、Illustrator
	iPad:Concept、ibis Paint X

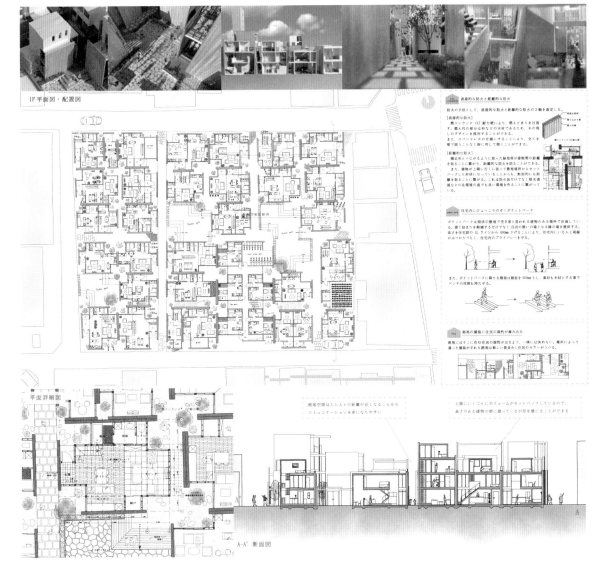

1F平面図・配置図

平面詳細図

A-A' 断面図

逃避列車
——本とわたしのちいさな旅

敷地：越中島支線沿線　用途：図書施設・逃避空間　面積：4,300㎡　構造：RC造　階層：一

自分と向き合い見つめ直す時間。現代を忙しなく生きている人々は1日のうちでどのくらいこの時間を取れているだろうか。本提案では、普段は利用しない電車に乗って、見慣れない景色を眺めながら、現実逃避の場所へと向かう。ここでは読書に没頭したり、川や空を眺めて黄昏たりして、自分の思うままに過ごす。ルーティーン化された毎日をリセットできるような場所である。自分を見失ってしまいがちな現代だからこそ、自分と向き合うための居場所を提案する。

小久保 夢乃
Yumeno Kokubo

芝浦工業大学　建築学部　建築学科
谷口大造研究室

Planning / making	7ヶ月／4週間
Next	芝浦工業大学大学院谷口大造研究室
Inspiration	『原初的な未来の建築』（藤本壮介）
Favorite architecture	谷口吉生
Software	Rhinoceros、Illustrator、Photoshop

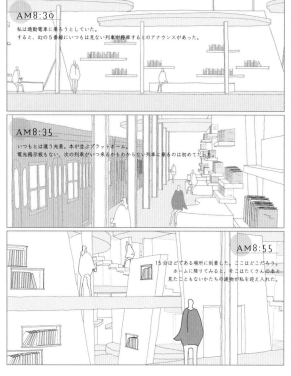

AM8:30
私は通勤電車に乗ろうとしていた。
すると、幻の5番線にいつもは見ない列車が停車するとのアナウンスがあった。

AM8:35
いつもとは違う光景。本が並ぶプラットホーム。
電光掲示板もない、次の列車がいつ来るかもわからない列車に乗るのは初めてだ。

AM8:55
15分ほどである場所に到着した。ここはどこだろう。
ホームに降りてみると、そこはたくさんの本と
見たこともないかたちの建物が私を迎え入れた。

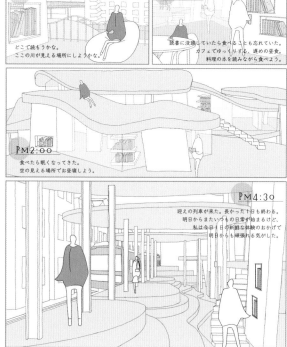

AM10:00
どこで読もうかな。
ここの川が見える場所にしようかな。

PM1:00
読書に没頭していたら食べることも忘れていた。
カフェでゆっくりする、遅めの昼食。
料理の本を読みながら食べよう。

PM2:00
食べたら眠くなってきた。
空の見える場所でお昼寝しよう。

PM4:30
迎えの列車が来た。長かった1日も終わる。
明日からまたいつもの日常が始まるけど、
私は今日1日の新鮮な体験のおかげで
明日からも頑張れる気がした。

推し増す都市
──アイドルファンによる推せる居場所のつくり方

敷地：汐留駅近く　用途：―　面積：―　構造：SRC 造　階層：約 11 階

私たちが日々利用する公共空間は、もっと私的で個性が集積するように構成されても良いのではないだろか。
より私的な建築が公共性を持って今の都市に至っているにも関わらず、近年の東京の再開発ではどこも似た様な建築がつくられている。そこで、誰のためでもなくなってしまった都市に、個人的で熱狂的な居場所をつくりたい。本設計の主目的は、設計者の個人的な趣味であるアイドルをテーマに『私自身のための居場所』をつくり出すことである。

近藤 柚乃香
Yunoka Kondo

芝浦工業大学　建築学部　建築学科
原田真宏研究室

Planning / making	7ヶ月／4週間
Next	芝浦工業大学大学院谷口大造研究室
Inspiration	日本のアイドル文化
Favorite architecture	軽井沢千住博美術館
Software	Illustrator、Photoshop、Rhinoserous、Procreate

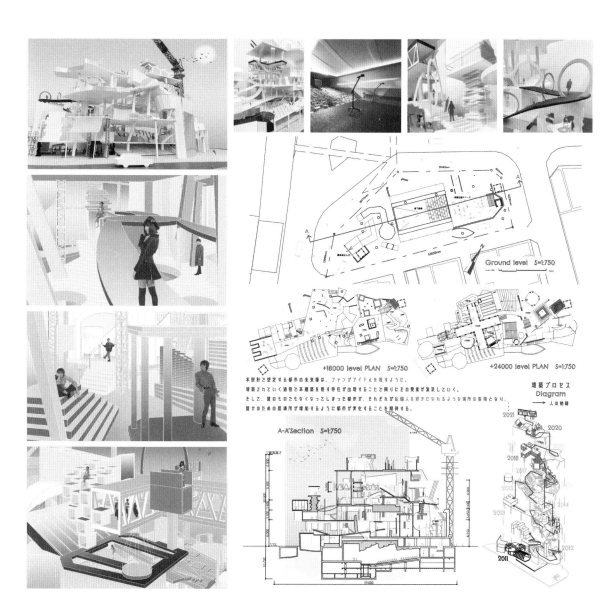

Ground level S=1:750

+18000 level PLAN S=1:750

+24000 level PLAN S=1:750

増築プロセス
Diagram

A-A'Section S=1:750

道玄坂ジオメトリー
——歪む都市。その読み取りと使いこなし

敷地：道玄坂2丁目　用途：宿泊施設　面積：150㎡　構造：RC造　階層：9階

私は多くの建築に囲まれているというのに、壁や床たちは無言のままそこにいた。しかし渋谷道玄坂は違った。地形を読み取りながら建築の要素が足され、人は壁や床を解釈して使いこなし、柔らかい街並みが広がっていた。よく観察すると、その都市は歪んでいて、そこに人間の能動的行為である使いこなしが見られた。観察から3次元の空間歪みモデルを作成し、積極的に歪みを取り入れることで、渋谷の中に帰属意識のある居場所を提案する。

柴垣 映里奈
Erina Shibagaki

芝浦工業大学　建築学部　建築学科
原田真宏研究室

Planning / making	2ヶ月／2週間
Next	東京大学大学院川添善行研究室
Inspiration	フェズの旧市街地
Favorite architecture	風の丘葬斎場
Software	Rhinoceros、Archicad、Grasshopper

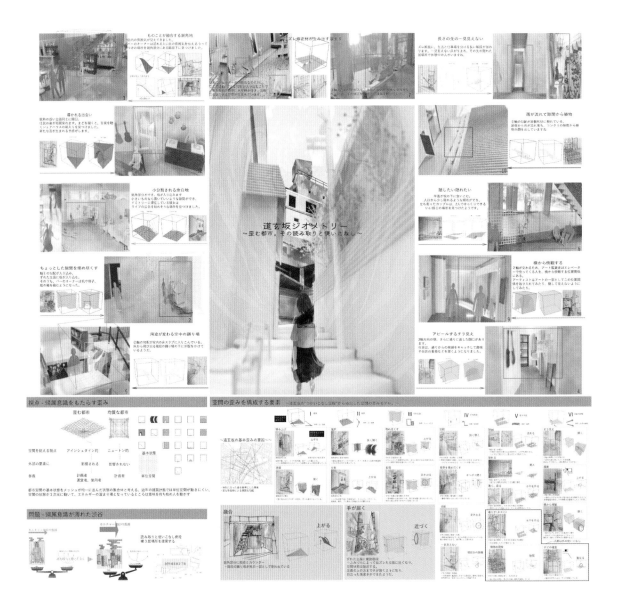

都市ダム建築
──武蔵小杉における都市型水害対策のモデルケースとして

敷地：武蔵小杉駅近く　用途：商業建築　面積：12,000㎡　構造：RC造　階層：8階

かねてより日本の文化に豊かさをもたらしてきた雨。しかし現代では、その姿は隠ぺいされ、人々は雨にまなざしを向けないようになった。さらに、年々都市型水害の危険性が増加しつつある。そこで、都市の表面を覆う建築が一時的な保水を行うことで、都市型水害を未然に防いでいくことを目指す。そのモデルケースとして、急激な都市化が進み都市型水害の被災地となった武蔵小杉に地域拠点としての都市ダムを設計する。

鈴木 大祐
Daisuke Suzuki

芝浦工業大学　建築学部　建築学科
原田真宏研究室

Planning / making　7ヶ月／1ヶ月
Next　芝浦工業大学大学院原田真宏研究室
Inspiration　ダム
Favorite architecture　豊田市美術館
Software　Rhinoceros、Illustrator

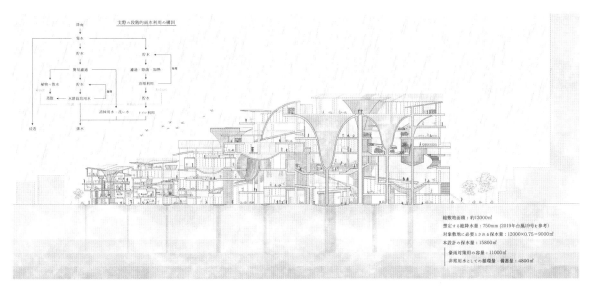

総敷地面積：約12000㎡
想定する総降水量：750mm (2019年台風19号を参考)
対象敷地に必要とされる保水量：12000×0.75＝9000㎡
本設計の保水量：15800㎡

豪雨対策用の容量：11000㎡
非常用水としての循環量・備蓄量：4800㎡

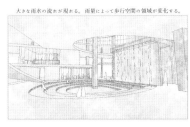

大きな雨水の流れが現れる。雨量によって歩行空間の領域が変化する。

立体的に積み重なる商店街のようなボリュームの間を雨水が循環していく。

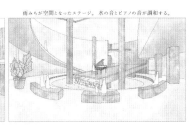

雨みちが空間となったステージ。水の音とピアノの音が調和する。

雨水利用の植物園。雨みちに植物が絡み付き、人口と自然が融和していく。

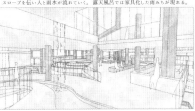

スロープを伝い人と雨水が流れていく。露天風呂では家具化した雨みちが現れる。

曲面屋根を伝い、ぽたぽたと垂れる雨水が静かな水面に波紋を広げていく。

表参道
——鏡像的操作による都市の多次元化

敷地：表参道　用途：商業施設等　面積：—　構造：—　階層：—

人は想像力を労働させることで初めて、不可視の意味や
目的まで知覚し、多次元的に重なる世界の存在を認識す
ることできる。本設計では、鏡像的操作によって表参道
という都市にデジャビュのような経験を生むことで、認
識が自動化してしまった人々が再び想像力を取り戻すこ
とを目的とする。鏡像化した2つの敷地によって都市は
多次元化し、表参道の街全体の認識が歪んでゆく。

中村 凛緒
Rio Nakamura

芝浦工業大学　建築学部　建築学科
原田真宏研究室

Planning / making	10 ヶ月／3 週間
Next	Royal Danish Academy
Inspiration	映画、アート
Favorite architecture	Chillida Leku Museum
Software	Illustrator、Photoshop、InDesign、Rhinoceros

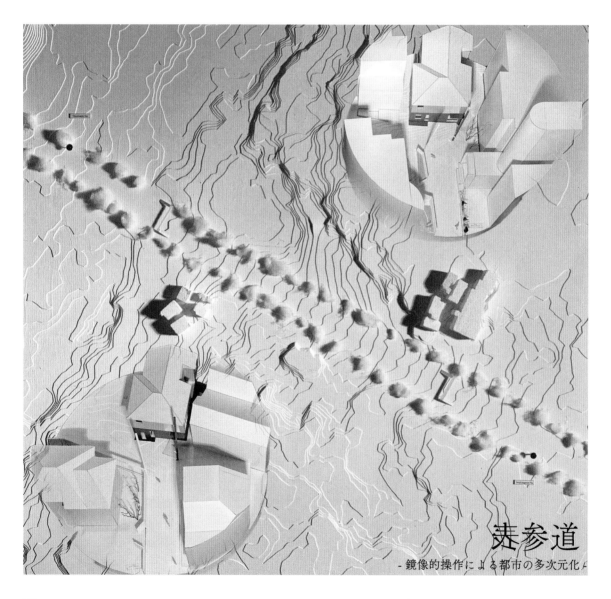

短冊農業をひらく

敷地：鷹の台駅近く　用途：公共建築　面積：1,173㎡　構造：木造　階層：2階

東京都小平市は縦に細長い短冊型の画地が連なる街であり、かつてこの地には農地が広がっていた。今の農地は一般市民にとっては住宅街の先にある行き止まりで、宅地に囲まれ眺めることも難しい茶色の空白だといえる。都市において余白と見なされた短冊農業は時を経て閉ざされてしまった。本提案では農業文化施設を提案する。短冊農業を物理的に開くとともに、農業と居住の本質的な共存により全ての人に対して短冊農業をひらく。

松浦 直生
Naoki Matsuura
芝浦工業大学　建築学部　建築学科
前田英寿研究室

Planning / making	6ヶ月／4週間
Next	芝浦工業大学大学院前田英寿研究室
Inspiration	―
Favorite architecture	東光園
Software	Revit、AutoCAD、Lumion、Illustrator

水資源の再解釈による地方都市の新たな可能性

敷地：越後湯沢駅近く　用途：商業建築　面積：7,100㎡　構造：SRC 造　階層：3 階

温脈、水脈という 2 つの豊富な水資源を持つ新潟県湯沢町。ここでは水が古くから人々の生業に強く結びついていたが、その価値は忘れられつつある。既存の水脈である水路と、温脈である温泉が位置する越後湯沢駅前の一角を対象とし、敷地調査から得た水と人の関わりからゾーニングを決定。既存の建物を生かしつつ増築、減築を行うことでさまざまな水との距離感をつくり出し、水の価値を再認識できる空間とし豊かな都市空間を提案する。

山田 知佳
Tomoka Yamada

芝浦工業大学　建築学部　建築学科
佐藤宏亮研究室

Planning / making	6 ヶ月／4 週間
Next	芝浦工業大学大学院佐藤宏亮研究室
Inspiration	まち歩き
Favorite architecture	豊島美術館
Software	Illustrator、Photoshop、Rhinoceros、AutoCAD

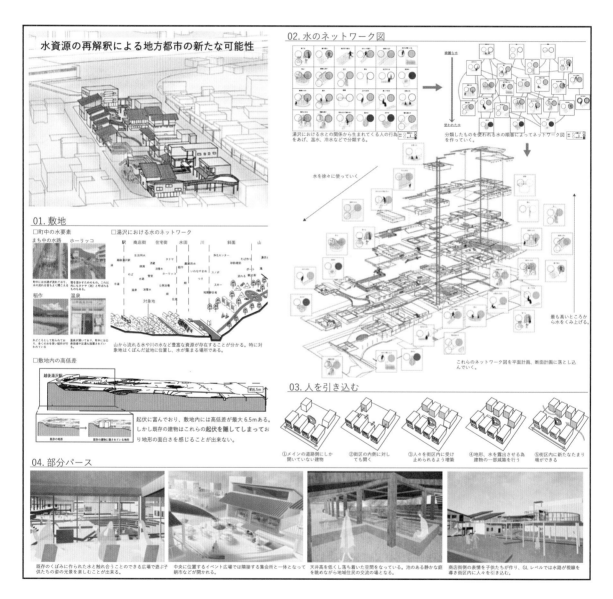

コミュニケーションの誘発を目指した
仮想現実（VR）大学

敷地：VR空間　用途：大学　面積：―　構造：―　階層：―

昨今、新型コロナウイルス感染症の影響により授業のオンライン化進んでいる。しかし、既存のオンライン授業の方法では、対面での授業を行う時のようなコミュニケーションが発生しにくいという問題点がある。
既存のオンライン授業のデメリットを解消し、メリットを生かす方法として仮想現実（VR）空間における授業は有効な手段となり得る可能性がある。本設計ではコミュニケーションの誘発を目指した仮想現実（VR）大学を提案する。

飯岡 之陽
Yukiharu Iioka

職業能力開発総合大学校　総合課程　建築専攻
建築環境設備エネルギーユニット

Planning / making	5ヶ月／4週間
Next	東京工業大学大学院建築計画系研究室
Inspiration	ハイパー ICC
Favorite architecture	横須賀芸術劇場
Software	Houdini、Twinmotion、Unrial Engine

全体

教室内

通路

通路と教室

多磨 ForestSide Cemetery
——郊外霊園における開かれた複合型樹木葬施設

敷地：東京都立多磨霊園　用途：樹木葬施設　面積：11,400㎡　構造：PCPCa造　階層：2階

死の象徴たる墓は都市から隔離され日常から排除されてきた。また遺族のためのプライベート空間であるお墓は他者を排除してきた。しかし近年は継承難や埋葬の効率化などで合葬墓の需要が高まるなど墓地事情が大きく変わりつつある。

本提案では墓と日常を結んでいた宗教的な結びつきに代わり日常とお墓をゆるくつなぎつつ、増加する墓地需要に応える地域に開かれた持続可能な樹木葬墓地を提案する。

南雲 裕太

Yuta Nagumo

信州大学　工学部　建築学科
寺内美紀子研究室

Planning / making	4ヶ月／4週間
Next	信州大学大学院寺内美紀子研究室
Inspiration	伊東豊雄
Favorite architecture	帝国ホテル正面玄関
Software	Archicad、Twinmotion、Photoshop、Illustrator

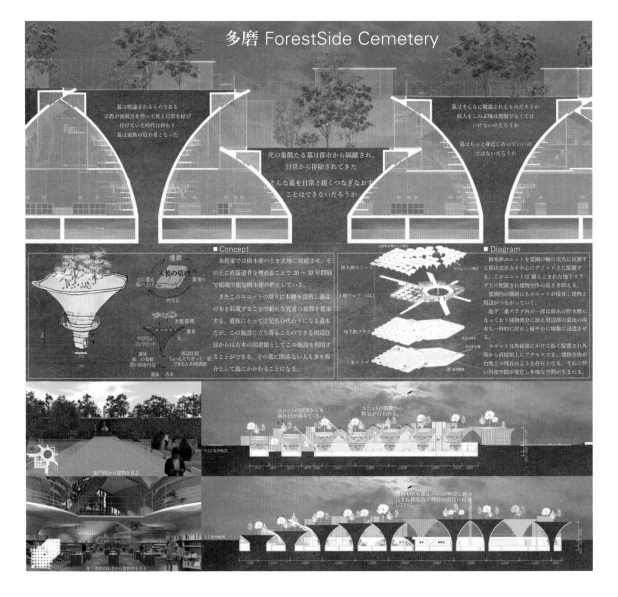

痕跡を辿る家

敷地：愛知県西尾市　用途：住宅　延床面積：173.7㎡　構造：混構造　階層：2階

閉塞的な実家を段階的に〈解体〉しながら、両親が豊かに暮らせる「終の棲家」へと変容させると同時に、解体した部材を別の敷地で〈再構築〉し、徐々に私の「自邸」を築いていく。本提案は、私が時間をかけて家の内包する記憶と向き合っていくための「名も無き家におけるスポリア」である。これは私の救済であると同時に、現代の無個性でどうしようもないような住宅群を受け入れ、そして超えていくための手法論でもある。

北村 光
Hikaru Kitamura

千葉大学　工学部　総合工学科　建築学コース
岡田哲史研究室

Planning / making	3ヶ月／2週間
Next	千葉大学大学院岡田哲史研究室
Inspiration	John Pawson
Favorite architecture	Gehry Residence
Software	AutoCAD、Sketchup、Illustrator、Photoshop

煙と空間

敷地：江ノ島近く　用途：場　面積：5,000㎡　構造：コンクリート造　階層：3階

オンライン化が進む現在。リアルな場に人が集まるメリットは何か。「やっぱりコミュニケーションは対面じゃないと伝わらない」というような意見もあるが、この意見が、「対面かオンラインか論争」に終止符を打つとは思えない。論理的とは言い難いし、その人個人の感覚のような気もする。ただ、私は大衆を説得するだけの主張こそないけれど、「なんとなく」対面がいいなと思う。この設計デザインもそう。なんとなく煙がよくて、なんとなくこのデザインがいい。

高山 司希
Hiroki Takayama

千葉大学　工学部　総合工学科　建築学コース
平沢岳人研究室

Planning / making	2ヶ月／1ヶ月
Next	千葉大学大学院平沢岳人研究室
Inspiration	—
Favorite architecture	Zaha Hadid
Software	Rhinoceros

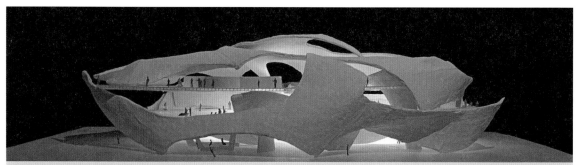

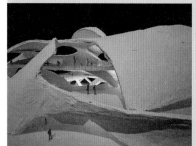

真鶴を継ぐ
——修繕によって蘇る採石場の新たな風景

敷地：神奈川県真鶴町の採石場　用途：地域拠点施設・産業施設　面積：—　構造：Ｓ造　階層：１階

陶器の修繕方法である金継ぎの特性を用いて、傷となった採石場を継いでいくことで真鶴に新たな風景をつくっていくことを提案する。ここでは採石によってまちの個性を築きあげてきたがその痕跡を埋め戻している。これは単なる地形の修復に過ぎず、まちの個性を消失させている。そこで採石によって失われた山の稜線を修繕するように屋根を架け、壮大な自然環境を空間化していく。それにより空間の修繕だけでなく歴史や環境文化なども継承され、新たな風景が描かれる。

松本 乙希
Itsuki Matsumoto

東海大学　工学部　建築学科
野口直人研究室

Planning / making	６ヶ月／３ヶ月
Next	東海大学大学院野口直人研究室
Inspiration	金継ぎ
Favorite architecture	SANNA、Herzog & de Meuron、LacatonVassal
Software	Windows、AutoCAD、Illustrator、Photoshop、Rhinoceros、Procreate、「NGClab Everyone」

真鶴を継ぐ ～修繕によって蘇る採石場の新たな風景～

陶器の修繕方法である金継ぎの特性を用いて、傷となった採石場を継いでいくことで真鶴に新たな風景を作っていくことを提案する。

環境を生かした山羊の産業
街から唯一見える眺望のスポット
街と山の結節点
住宅街

調査小屋
畑
石村加工場
ホール
山羊牧場
自然公園
道の駅

地形を生かしたプログラム
既存のプログラムを継承
岩地区

真鶴駅
東海道線

東海道線を境界として街が分断されている

道の駅　断面図

街から岩壁が見える
自然公園
真鶴の風景を見ながら登っていく
埋め立て地
バスターミナル
バスターミナルからみられる風景
ショップ
テラス
痕跡が抜ける
視線の抜けが真鶴特有の空間に誘導する
採石場

0 51 15 25 35　55　75(m)

石材加工場　断面図

屋根の連なりが見られる
山羊小屋
採石場
山羊の風景が見られる
石の展示
橋
採石場の中に入っていく空間体験
加工場
断面的な繋がりと対比的な大小の空間を内包
採石場

0 51 15 25 35　55　75(m)

市井の諸相

——暮らしの風景から導く上海下町の再開発計画

敷地：上海下町　用途：居住地域　面積：10,500㎡　構造：S造　階層：最高11階

上海の下町には地縁的な人間関係をもつ人々が豊かに暮らし、関わり合いのある日常生活が自然的に発生している。しかし、急速な経済成長から除外され、百年以上、人々が暮らし続けていた下町が衰退し、暮らしの風景が都市から退去した。そこで、既存のコートをもった小さなスケールにより住棟を構築し、経済成長期の上海を象徴する巨大建築を通して再開発で移住されつつある下町の住民に希望をもたせ、下町の魅力を発信することを期待する。

徐 宸寅

Chenyin Xu

東京工業大学　環境・社会理工学院　建築学系
村田涼研究室

Planning / making	2ヶ月／3週間
Next	東京工業大学大学院村田涼研究室
Inspiration	土地の力で人と建築を繋ぐ
Favorite architecture	内藤廣
Software	SketchUp、Rhinoceros、Illustrator、Photoshop

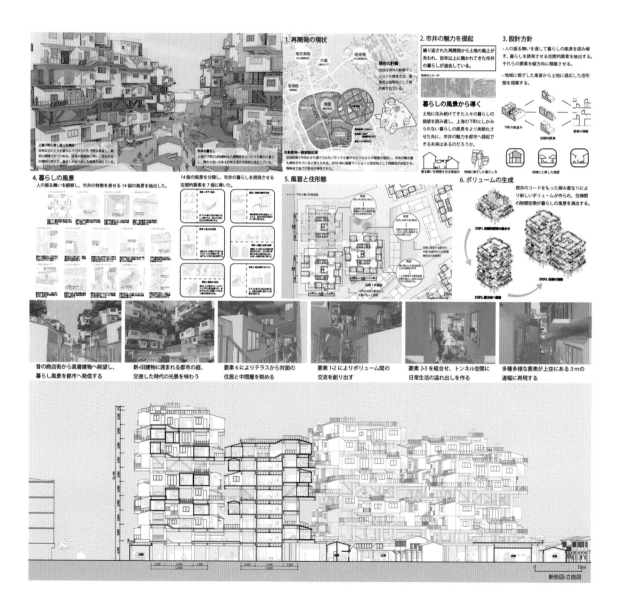

断面図・立面図

創造の楼閣

敷地：台東区松が谷　用途：工房、アトリエ　面積：5,980㎡　構造：S造　階層：4階

近年、働く時間や通勤時間の削減などにより、生活に時間のゆとりが生まれた。それとともに、ハンドメイドやDIYといった、モノをつくるコトが、暮らしの中において身近になったのではないだろうか。今後より一層、ものづくりが生活を豊かにするきっかけになると考え、これまでのプロとアマチュアが分割されたあり方ではなく、誰もが創造を形にできる時代に、クリエイターや地元の人が垣根を越えて活動を展開する場として設計する。

高塚 玲菜

Reina Kotsuka

東京電機大学　未来科学部　建築学科
日野雅司研究室

Planning / making	5ヶ月／3週間
Next	東京電機大学大学院日野雅司研究室
Inspiration	—
Favorite architecture	豊島美術館
Software	Archicad、Photoshop、Illustrator

平面・断面計画

ダイアグラム

ニュー・テアトロン計画「積乱の橋梁区」
──渡橋を待ちながら、あるいは都市の刑務所演劇

敷地：神奈川県横浜市鶴見区水道橋跡　用途：橋　面積：2,850㎡　構造：Ｓ造　階層：3階

人類は、自己の舞台をつくり上げることで、進化し、時代を生き抜いてきた。建築もその舞台の一つである。私はこれをニュー・テアトロン計画と呼び、橋を建土の動かぬ可動構造物として建設する。この橋は渡橋者という観客が自ら移動することによって場面転換を繰り返し、観客を演者へと誘うことで演劇が行われる。これは都市への刑務所演劇であり、新しい舞台提案である。これはインフラ更新期の日本においても重要な視点の一つである。

長井 一乃眞
Ichinoshin Nagai

東京電機大学　未来科学部　建築学科
日野雅司研究室

Planning / making	10 ヶ月／3週間
Next	東京電機大学大学院日野雅司研究室
Inspiration	analogy
Favorite architecture	セドリック・プライス
Software	Archicad

土湯
——今戸焼の文化継承と土のお風呂空間

敷地：台東区今戸　用途：公衆浴場　面積：14,000㎡　構造：木造　階層：1階

私は土でできたお風呂空間を設計した。
場所は東京、今戸。かつて東京の陶芸文化として栄えた街である。今戸の都心化により、今戸焼は衰退した。
私は今戸焼の文化を継承し、その技術を用いた大きな壺のようなお風呂を作ること、そしてそれを人々に体験させることで、今戸が陶芸の街として発展することを願う。

浅倉 有希
Yuki Asakura

東京都市大学　工学部　建築学科
手塚貴晴研究室

Planning / making	2ヶ月／1ヶ月
Next	東京都市大学大学院手塚貴晴研究室
Inspiration	陶芸
Favorite architecture	—
Software	AutoCAD、Rhinoceros、Archicad、Photoshop、Illustrator

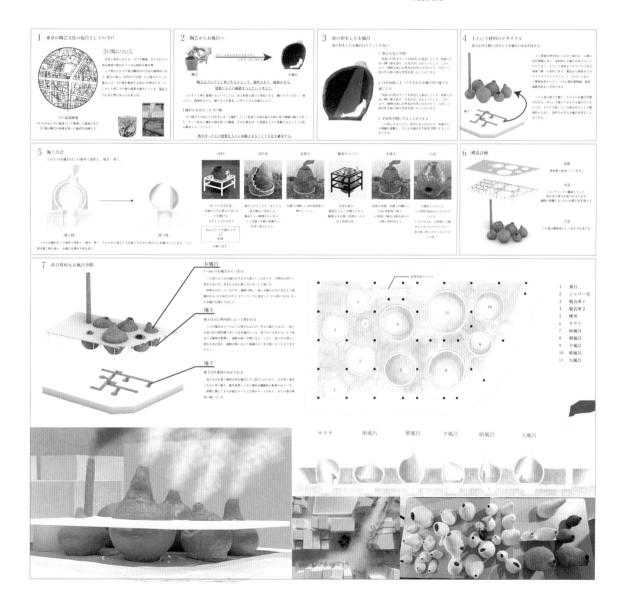

サブカルチャーのためのカオス建築

敷地：中野ブロードウェイ跡地　用途：複合商業施設　面積：6,750㎡　構造：S造　階層：22階

マンガ・アニメは人の人生に影響を与える。
マンガ・アニメにはいとも簡単に人に知識や興味を与え、そのままそれが趣味・夢になったりと人生を豊かにする力がある。そこで私は、マンガ・アニメをすこしでも知ってもらえるサブカルチャーの複合商業施設建築を提案する。多様な人を取り込むために、3つのカオス（平面的カオス・断面的カオス・用途的カオス）を建築に取り入れることにした。

近藤 邦央
Kunio Kondo
東京都市大学　工学部　建築学科
手塚貴晴研究室

Planning / making	6ヶ月／2週間
Next	東京都市大学大学院手塚貴晴研究室
Inspiration	記憶
Favorite architecture	SANAA
Software	Rhinoceros、Vectorworks、Adobe

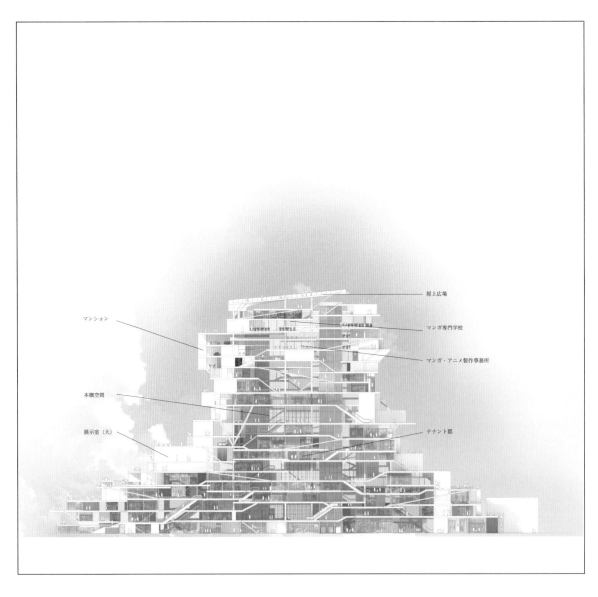

心地良い孤立

敷地：大井町駅近く　用途：児童養護施設　面積：14,000㎡　構造：S造　階層：3階

集団生活の中で心理的距離が物理的距離よりも遠くなる
体験を「心地良い孤立」と名づけ、それを体験できる空
間図像を作成した。これらを社会に出てからの孤立化が
問題視される児童養護施設の設計に組み込んだ。この施
設では集団生活と、ひとりになることが日常の中で頻繁
に入れ替わる。孤立というのは悲観すべきことではなく、
ひとりでいるのはごく自然であるという認識へ変えるた
めの建築である。

笹木 聖
Sho Sasaki

東京都市大学　工学部　建築学科
福島加津也研究室

Planning / making	5ヶ月／3週間
Next	東京工業大学大学院塚本由晴研究室
Inspiration	―
Favorite architecture	―
Software	Rhinoceros

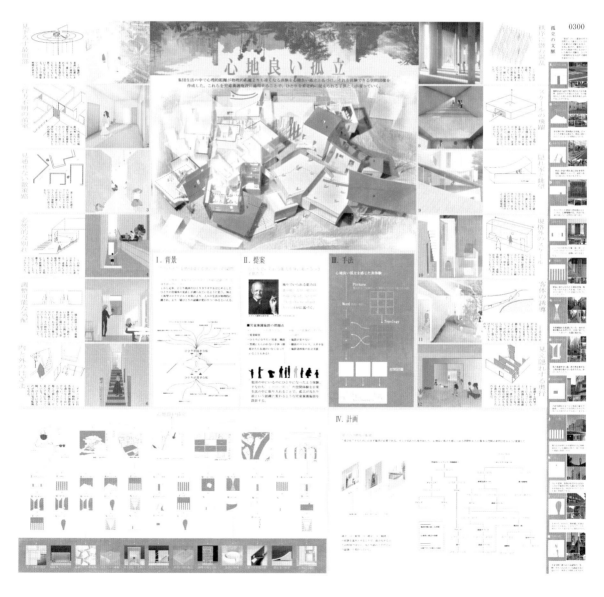

月の旋律と共に
――楽曲「月の光」の空間的翻訳

敷地：伊豆大島　用途：楽曲「月の光」と月の鑑賞　面積：65㎡　構造：鉄構造　階層：1階

「月」。それは人間が生活や身体、芸術などさまざまな分野で関係を持ってきた天体である。だが現代において我々は、「月」の魅力を身近に感じられているだろうか。「月」と我々の距離感を再確認する空間を私はドビュッシーの楽曲「月の光」の空間的翻訳という手法を用いて設計する。
この楽曲は「月」の魅力を最も引き立たせる楽曲である。「月」の多様な要素と楽曲「月の光」の旋律が実際に出会う幻想的な空間となる。

富樫 弦人
Gento Togashi
東京都市大学　工学部　建築学科
手塚貴晴研究室

Planning / making	6ヶ月／2週間
Next	東京都市大学大学院手塚貴晴研究室
Inspiration	月
Favorite architecture	空の森クリニック
Software	Vectorworks、Rhinoceros 他

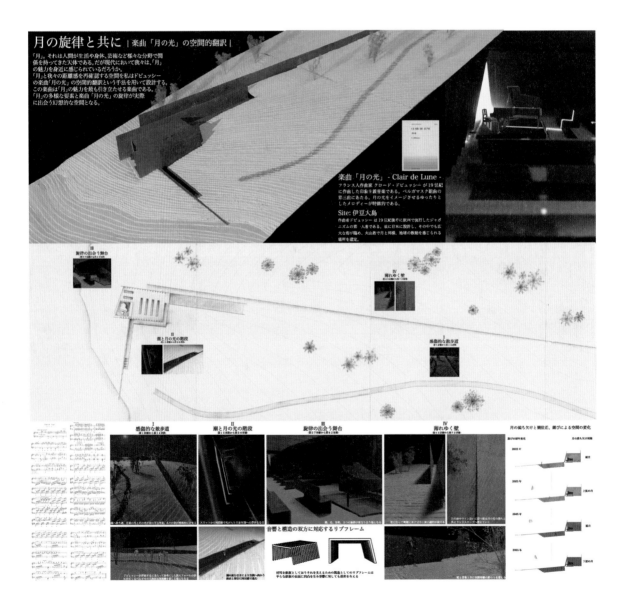

新しい かたち の三省堂書店

敷地：神保町三省堂書店　用途：三省堂書店　面積：12,000㎡　構造：S造　階層：地下1階〜地上10階

常に時代の声を聞き新しい形態を生み出す三省堂。「書店」という枠にとらわれない新しいかたちの三省堂書店を提案する。高さ30mの本棚に囲まれた森のように静かで開放的な空間。読みたい本を事前に決めて、ネットで買うことは効率的かもしれないが、今後は見本品を実際に手に取って試し読みをしたり参考書を解いてみたりする場所が必要になる。買いたい時はQRで読み取り家に届く。世界一の本の街、神保町の個性を残しつつ新たな「かたち」を作る。

鳥居 澪
Mio Torii

東京都市大学　工学部　建築学科
手塚貴晴研究室

Planning / making	4ヶ月／3週間
Next	東京都市大学大学院手塚貴晴研究室
Inspiration	小さい頃の記憶
Favorite architecture	槇文彦
Software	Photoshop、Rhino、Vectorworks

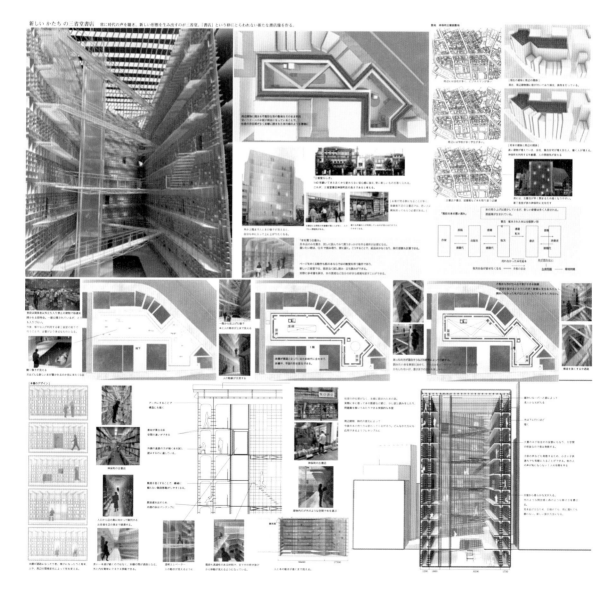

浮舟の社

——人工物で埋め尽くされた都市の姿を捉え直すための祈りの場

敷地：代々木 用途：拝殿 他 面積：— 構造：混構造 階層：5階

かつて先人たちは自然の恩恵に感謝し、また天災を畏れ
自然に対して祈りを捧げた。そこには共生のまなざしが
存在した。しかし、その思想が失われた現代の大都市は
ヒトのスケールを超えた人工物で埋め尽くされている。
人間の創り出したものが環境に甚大なインパクトを与え
る時代において、この都市を今一度見つめ直すことが必
要なのではないか。大都市渋谷と新宿の間に位置する首
都高の換気所に都市を捉え直すための拝殿を計画する。

岡本 晋作

Shinsaku Okamoto

東京都立大学　都市環境学部　建築学科
小泉雅生研究室

Planning / making	5 ヶ月／3 週間
Next	芝浦工業大学大学院塩崎太伸研究室
Inspiration	河村康輔
Favorite architecture	江之浦測候所
Software	Illustrator、Photoshop

繋目を編む
──昇りゆく下北沢

敷地：下北沢駅前　用途：商業建築　面積：2,880㎡　構造：SRC 造　階層：6 階

下北沢には迷路のような歩行空間が広がり、気づくと目的地を忘れ、探索してしまう。道と建物の間によって歩行空間が豊かになっている。そこは戦前から残る道と連続的に変化する建物であることから、継承と更新の狭間といえる。しかし、再開発の波が訪れ、町が大きく変化しようとしている。徐々に高層化に向かうこの街において、継承と更新の狭間を建築化することで街を立体的に再構築する。

殖栗 瑞葉
Mizuha Uekuri

東京理科大学　工学部　建築学科
栢木まどか研究室

Planning / making	4 ヶ月／ 3 週間
Next	東京理科大学大学院栢木まどか研究室
Inspiration	迷路のような街に出会ったこと
Favorite architecture	鈴木大拙館
Software	Photoshop、Illustrator、Rhinoceros

空間の音色を聴き比べるように
──まちの「空気のグラデーション」をまちの「コンテクスト」で居場所化した公共施設の提案

敷地：東京都調布市つつじヶ丘　用途：超複合公共施設（みんなの広場・劇場・商店街・相談施設・目隠し商店街・託児所・みんなの園庭）
面積：16,500㎡　構造：SRC造　階層：3階

「空間の音色を聴き比べるように」自分の心に合わせて
居場所を選べる、そんな公共施設を目指した。日本にお
ける健常者は社会／精神障害者は病院という隔離思考は
未だに根深く、その打開策として「緩くつながる」公共
施設を提案する。調布市つつじヶ丘を舞台に、京王線の
線路高架化・南側駅前広場の開発を含めて、精神病院と
まちとの新しい共存を図る。まちのコンテクストから立
ち上がる新しい建築は、この困難な問題を解き明かす可
能性を持つ。

幸地 良篤
Ryotoku Kouchi

東京理科大学　工学部　建築学科
坂牛卓研究室

Planning / making	3ヶ月／3週間
Next	京都大学大学院田路貴浩研究室
Inspiration	「建築に何が可能か」（原広司）
Favorite architecture	原広司、平田晃久
Software	Procreate、Photoshop、Illustrator

空間の音色を聴き比べるように
まちの「空気・機能のグラデーション」を、まちの「コンテクスト」で居場所化した公共施設の提案

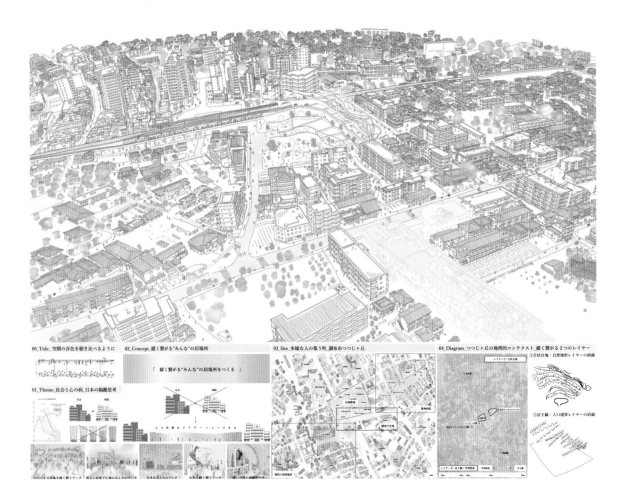

00_Title_空間の音色を聴き比べるように
01_Theme_社会と心の病_日本の隔離思考
02_Concept_緩く繋がる"みんな"の居場所
「　緩く繋がる"みんな"の居場所をつくる　」
心の状態はグラデーションである
03_Site_多様な人の集う町_調布市つつじヶ丘
04_Diagram_つつじヶ丘の地理的コンテクスト_緩く繋がる2つのレイヤー

機械と人の大樹
——アキバ的精神のアイロニー

敷地：東京都千代田区秋葉原　用途：インフラ・住宅・店舗・公共空間　面積：未知　構造：SRC・RC・S造　階層：未知

人の暮らしは設備・配管・エネルギー・構造体といった機械に支えられているが、その存在は見えない。
インフラ施設を〈幹〉とし、人のためのスラブを〈葉〉としたとき、雑多性が〈実〉る「大樹」が都市に実現する。失われつつある秋葉原の魅力と現代都市の課題を顕在化させたこの建築は、機械と人の関係性を再考し、お互いの生命を蘇らせる象徴としてこの地に聳え立つ。
この循環は伝播し、自給自足を可能とする新たな都市が日本を席巻していく。

小村 龍平
Ryuhei Komura

東京理科大学　工学部　建築学科
熊谷亮平研究室

Planning / making	3ヶ月／3週間
Next	東京理科大学大学院熊谷亮平研究室
Inspiration	アキバ文化と潜在化されたものたち
Favorite architecture	東京カテドラル大聖堂
Software	Rhinoceros、V-ray、Illustrator、Photoshop

谷底に溜まる

敷地：渋谷駅東口地下　用途：—　面積：7,000㎡　構造：RC造　階層：地下6階

渋谷はモノや情報に溢れていて豊かだが、その情報量の多さに疲れを感じることがある。そんなときには海や山を眺めるようにぼーっとしたいものだ。渋谷駅東口地下にある貯水槽を周辺の地下鉄空間やアーバンコアに開くことで、渋谷にいつでもぼーっとできる水辺空間をつくる。

松浦 開
Kai Matsuura
東京理科大学　理工学部　建築学科
西田司研究室

Planning / making	1ヶ月／10日間
Next	東京理科大学大学院西田司研究室
Inspiration	折坂悠太
Favorite architecture	Christian Kerez
Software	Rhinoceros

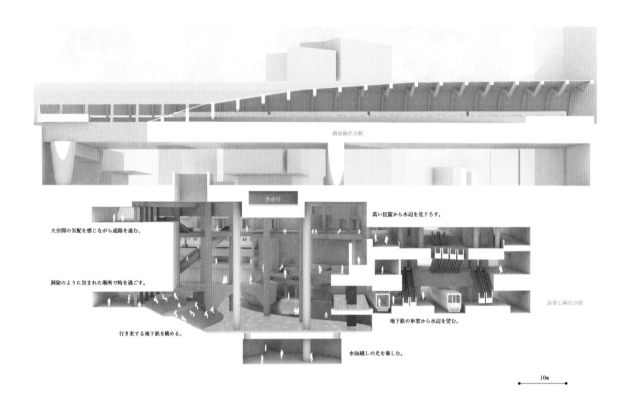

銀座線渋谷駅

渋谷川

大空間の気配を感じながら通路を進む。

洞窟のように包まれた場所で時を過ごす。

行き来する地下鉄を眺める。

高い位置から水辺を見下ろす。

地下鉄の車窓から水辺を望む。

水面越しの光を楽しむ。

副都心線渋谷駅

10m

揺れる水面を見たり、行き来する列車を見たりしてぼーっとする。
地上とは違った時間の流れを感じる。

様々な場所から水辺に出会う。
地上から東口アーバンコアで下る途中、遠景として水辺を楽しむ。

地下鉄で渋谷駅に着くと、退屈だった車窓風景が劇的なものとなる。

Mine Utilization
──産業資源の保存と活用

敷地：福島県田村市大滝根山　用途：商業建築　面積：4,900㎡　構造：SRC造　階層：4階

有限である資源を使い切るのではなく、残り少ない資源を町の歴史を支えたモノとして人々の記憶に残るような保存しつつ、活用できるようなしくみを提案する。有限的な大地を削ることは同時にその地域産業の終わりをも意味してしまう。本敷地がそのような産業の犠牲にならないよう地域資源の枯渇とともに町も衰退してしまうのではなく、資源保存し活用することで持続的な町のあり方を考えたい。

吉田 人志
Hitoshi Yoshida

東北工業大学　工学部　建築学科
新井信幸研究室

Planning / making	4ヶ月／2ヶ月
Next	秦・伊藤設計
Inspiration	せんだいメディアテーク
Favorite architecture	RCR Arquitectes
Software	Illustrator、Photoshop、Rhinoceros

石積みの道標

敷地：静岡県焼津市　用途：体験型滞在空間　面積：4,800㎡　構造：石垣造り・木造　階層：—

静岡県焼津市の山村集落には、交通の重要な拠点として利用されていた旧東海道が通っており、現在は多くの登山人が訪れ、旅人が行き交う昔の面影を残している。その中で、登山人の居場所がない状況と衰退しつつある集落に着目し、集落景観を支える石垣を生かした登山人の拠点を提案する。石垣に包まれた温泉や食堂等の癒し空間で登山人や集落住民が交流し、互いのものを共有し合うことで、旧東海道が人々の拠り所となり集落のつながりを再構築する。

清水 杏
An Shimizu

日本大学　生産工学部　建築工学科
篠崎健一研究室

Planning / making	6ヶ月／3週間
Next	日本大学大学院篠崎健一研究室
Inspiration	連続性、場所の風景
Favorite architecture	Alvaro Siza
Software	AutoCAD、Illustrator、Photoshop、Rhinoceros

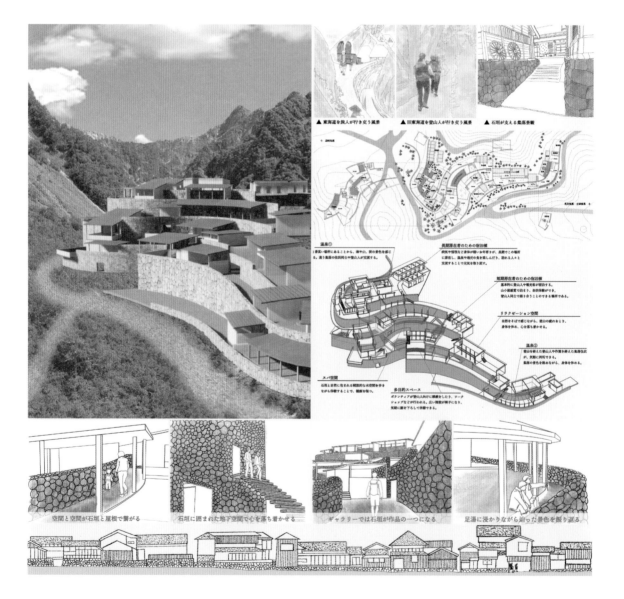

▲ 東海道を旅人が行き交う風景　　▲ 旧東海道を登山人が行き交う風景　　▲ 石垣が支える集落景観

空間と空間が石垣と屋根で繋がる　　石垣に囲まれた地下空間で心を落ち着かせる　　ギャラリーでは石垣が作品の一つになる　　足湯に浸かりながら辿った景色を振り返る

擬避難タワー
──擬洋風建築を始まりとし

敷地：静岡県松崎町　用途：避難タワー　面積：収容人数に応じて　構造：Ｓ造　階層：避難階まで9m

洋風の要素を取り入れつつ、各地の地場の生産技術と接触し、違う顔を見せる洋風建築として花開いた擬洋風建築。従来の避難タワーではなく、町の個性を増幅させる、また違った避難タワーとして、地場の生産技術と絡まりながらこの地に建ち現われる。町に複数建てなければいけない無骨で無機質な「工業化の象徴」のような避難タワーの性質を逆手に取り、個性を増幅させる装置として、松崎町の「開化表現」を設計する。そして石山修武に学んでいく。

武井 翔太郎
Shotaro Takei

日本大学　理工学部　建築学科
佐藤光彦研究室

Planning / making	３ヶ月／１ヶ月
Next	平成建設（大工）
Inspiration	地域に眠る歴史、文化、記憶の継承と可視化
Favorite architecture	石山修武
Software	Windows

泪庇
——青春東京を取り戻すネオ・アジールの構築

敷地：東京都新宿区内藤町　用途：道、公園　面積：11,000㎡　構造：RCシェル造　階層：2階

現代の日本は、安定しているがゆえに世の流れに身を任せて過ごせてしまう。そのため失われがちである自分の心に正直に向き合うといった、原来の人間らしい行為を許容してくれる日常からの新しい意味での逃げ場が必要であると考えた。そこで、避難所と定義されることもある『アジール』に焦点を当て、その実態を建築側から考究し、現代的なアジールの場を構築した。面でのドローイングを用い、現れる滲みあいをもとに空間を追求した。

林 深音
Mio Hayashi

日本大学　理工学部　建築学科
建築史・建築論研究室

Planning / making	6ヶ月／1ヶ月
Next	日本大学大学院建築史・建築論研究室
Inspiration	月、人、本
Favorite architecture	豊島美術館、Kimbell Art Museum
Software	水彩ドローイング、Rhinoceros、Photoshop 他

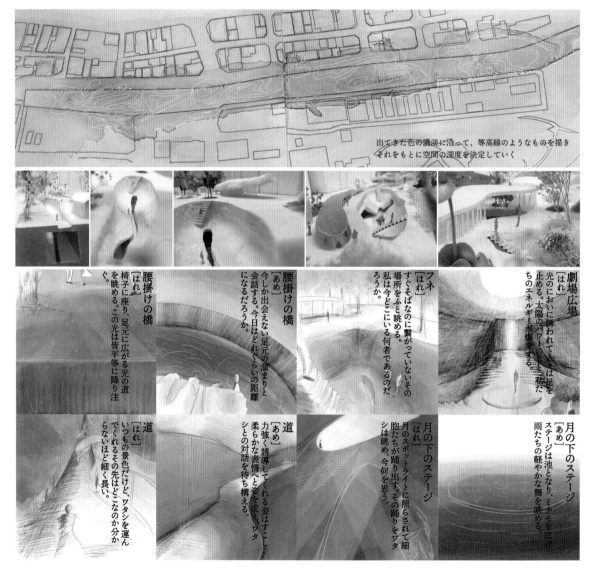

出てきた色の濃淡に沿って、等高線のようなものを描きそれをもとに空間の深度を決定していく

腰掛けの橋
[はれ] 椅子に座り、足元に広がる光の道を眺める。この光は皆平等に降り注ぐ。

腰掛けの橋
[あめ] 今しか出会えない足元の溜まりと会話する。今日はどれぐらいの距離になるだろうか。

フネ
[はれ] すぐそばなのに繋がっていないその場所をふと眺める。私は今どこにいる何者であるのだろうか。

劇場広場
[はれ] 光のにおいに誘われて、ワタシは足を止める。太陽のパワーの一つ一つがちのエネルギーが爆発する。

道
[はれ] いつもの景色だけど、ワタシを運んでくれるその先はどこなのか分からないほど細く長い。

道
[あめ] 力強く誘導してくれる姿はすこし柔らかな表情へと姿を変え、ワタシとの対話を待ち構える。

月の下のステージ
[はれ] 月のスポットライトに照らされて細胞たちが踊り出す。その踊りをワタシは眺め、今何を思う。

月の下のステージ
[あめ] ステージは池となり、ミナモを広げ雨たちの軽やかな舞を眺める。

The "Wall" Museum in Berlin
——負の遺産を語り継ぐ建築

敷地：ドイツ・ベルリン　用途：博物館　面積：—　構造：SRC 造　階層：3 階

ベルリンの壁の崩壊から30年経過した現在、極右政党が拡大している。壁に向けられていたヘイトが市民同士のヘイトへと変化しているのである。非人道的で物理的な壁はもはや存在しないが、怒りや憎しみ、疎外の心理的な壁が築かれ、ドイツを分断している。蟠りが目に見えない人種問題に対し、「見えないが確かにそこにある高い壁」を象徴する博物館を提案する。それは見えない蟠りを可視化させるバロメーターとして機能する。

澤田 恒希
Koki Sawada

日本工業大学　工学部　建築学科
小川次郎研究室

Planning / making	3 ヶ月／ 9 日
Next	—
Inspiration	Ivan Ilich Leonidov
Favorite architecture	Headquarters Building for the Commissariat of Heavy Industry
Software	Illustrator、Photoshop、AutoCAD、Rhinoceros

わたる、であう、つむぐ。
――歩道橋がつくるまちの新たな風景

敷地：埼玉県松伏町、吉川市、越谷市　用途：公共施設　面積：―　構造：SRC 造　階層：2 階（一部 1.5 階）

さまざまな背景から、利用率が低下し各地で撤去されている歩道橋。渡るだけのものとして不要とされているが、捉え方を変えると、まちをつなぐ役割や立体的な道として空間の魅力に溢れている。敷地の特徴がそれぞれ異なる、3 つの現存する歩道橋を再編し、周辺環境を巻き込みながらまちの居場所となるような歩道橋のあり方を提案する。まちの要素や魅力を取り込んだ歩道橋を渡ることで、さまざまな出会いが生まれ、人々をつなぎ、まちの風景をつむいでいく――。

髙宮 弥

Amane Takamiya

日本工業大学　建築学部　建築学科
生活環境デザインコース　足立真研究室

Planning / making	5 ヶ月／1 ヶ月
Next	日本工業大学大学院足立真研究室
Inspiration	白井屋ホテル、hotel Siro
Favorite architecture	mitosaya 薬草園蒸留所、菊名貝塚の住宅
Software	Vectorworks、Illustrator、Photoshop、Concept

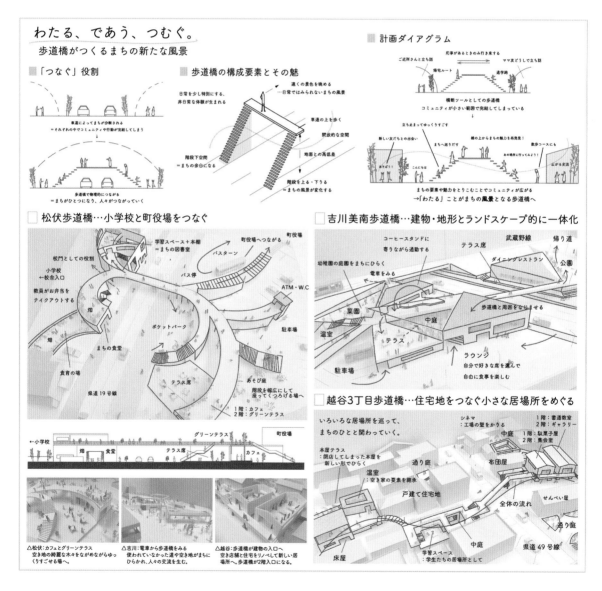

大人と子どもの "見える" について
——創造的主体のための図書館

敷地：市ヶ谷駅前　用途：公共建築　面積：7,048㎡　構造：S造　階層：地下1階〜3階

お地蔵さんを指して「にゃんにゃん！」と言う子どもに対し、大人は「これはお地蔵さんだよ」と教え、手を引いて先へと歩かせる。このように、大人が子どもの感じている世界を知らずに、一つの解釈を押し付けてしまう原因を "見える" という中動態の状態から考察する。
そして "見える" 感覚を取り戻す可能性が潜在している図書館から知識の収集だけにとどまらない、創造的主体として感受することのできる拠点を設計する。

亀田 鈴香
Suzuka Kameda

日本女子大学　家政学部　住居学科
宮晶子研究室

Planning / making	8ヶ月／1ヶ月
Next	日本女子大学大学院宮晶子研究室
Inspiration	『芸術の中動態 受容 / 制作の基層』（森田亜紀）
Favorite architecture	妹島和世、伊東豊雄、平田晃久
Software	AutoCAD、Rhinoceros、Illustrator、Photoshop

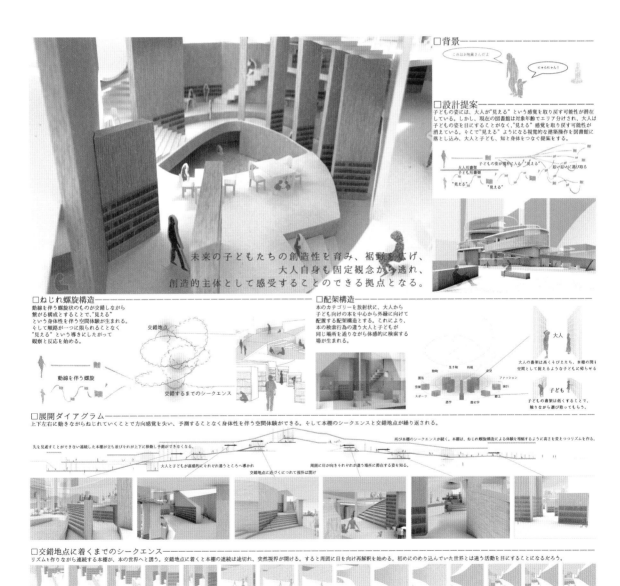

未来の子どもたちの創造性を育み、裾野を広げ、大人自身も固定観念から逃れ、創造的主体として感受することのできる拠点となる。

□背景

□設計提案
子どもの姿には、大人が"見える"という感覚を取り戻す可能性が潜在している。しかし、現在の図書館は対象年齢でエリア分けされ、大人は子どもの姿を目にすることがなく、"見える"感覚を取り戻す可能性が消えている。そこで"見える"ようになる視覚的な建築操作を図書館に落とし込み、大人と子ども、知と身体をつなぐ提案をする。

□ねじれ螺旋構造
動線を伴う螺旋状のものが交錯しながら繋がる構造とすることで、"見える"という身体性を伴う空間体験が生まれる。そして順路が一つに限られることなく"見える"という導きにしたがって観察と反応を始める。

□配架構造
本のカテゴリーを放射状に、大人から子ども向けの本を中心から外縁に向けて配架する配架構造とする。これにより、本の検索行為の違う大人と子どもが同じ場所を通りながら体感的に検索する場が生まれる。

□展開ダイアグラム
上下左右に動きながらねじれていくことで方向感覚を失い、予測することなく身体性を伴う空間体験ができる。そして本棚のシークエンスと交錯地点が繰り返される。

□交錯地点に着くまでのシークエンス
リズムを作りながら連続する本棚が、本の世界へと誘う。交錯地点に着くと本棚の連続は途切れ、突然視界が開ける。すると周囲に目を向け再解釈を始める。初めにのめり込んでいた世界とは違う活動を目にすることになるだろう。

建築的エコロジカルシステムの形成
──竹活用の推進と循環利

敷地：神奈川県葉山町上山口　用途：―　面積：960㎡（延床）　構造：竹造　階層：4階

日本において竹は古くから人の生活と共に存在しさまざまな形で利用されていたが、需要が減り多くの竹林が放棄された。結果、竹林の規模は拡大し各地で「竹害」という問題が引き起こされている。一方で竹材はその材料特性が注目され、幅広い分野で脚光を浴びている素材である。上記の「竹害」「建材活用」に焦点を当てた「竹の製材所」を提案し、竹材の建築への利用可能性と運用方法を提案する。

坂本 歩美
Ayumi Sakamoto

日本女子大学　家政学部　住居学科
江尻憲泰研究室

Planning / making	6ヶ月／3週間
Next	東京大学大学院佐藤淳研究室
Inspiration	寺社建築、Vo Trong Nghia
Favorite architecture	西沢立衛、内藤廣、谷口吉生
Software	AutoCAD、Rhinoceros、Illustrator、Photoshop、Grasshopper

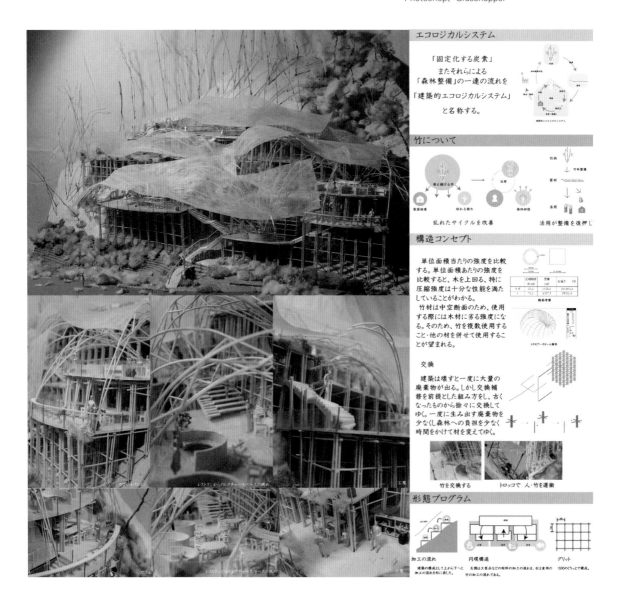

エコロジカルシステム

「固定化する炭素」
またそれらによる
「森林整備」の一連の流れを
「建築的エコロジカルシステム」
と名称する。

竹について

乱れたサイクルを改善　　活用が整備を後押し

構造コンセプト

単位面積当たりの強度を比較する。単位面積あたりの強度を比較すると、木を上回る、特に圧縮強度は十分な性能を満たしていることがわかる。

竹材は中空断面のため、使用する際には木材に劣る強度になる。そのため、竹を複数使用すること・他の材を併せて使用することが望まれる。

トラスアーチドーム解析

交換

建築は壊すと一度に大量の廃棄物が出る。しかし交換補修を前提とした組み方をし、古くなったものから徐々に交換してゆく。一度に生み出す廃棄物を少なくし森林への負担を少なく時間をかけて材を変えてゆく。

竹を交換する　　トロッコで 人・竹を運搬

形態プログラム

加工の流れ　　円環構造　　グリット

建築の構成として上から下へ加工の順を右に記した。　左側は工芸品などの材料の加工の流れを、右は食用の竹の加工の流れである。　1500のグリッドで構成。

福山文化遺構
──時間を無くしてしまう現代へ向けて

敷地：広島県福山駅前伏見町　用途：都市開発　面積：50,000㎡　構造：木造　階層：3階

この建築は、時間を形として残していくことを提案した。古い建物が壊され新しく建て替えられてしまう現代においてその場所の時間が人の記憶の中だけでなく形として、建築として残していくことが重要である。計画として、江戸時代と現在を重ね合わせ、埋め立てられた外堀や築切を復元しながら現代に残る戦後の建物を残していく。できた建築は、失われた場所性を獲得し、過去と現在を繋ぎ、未来へさらなる時間を紡いでいく。

篠村 悠人
Yuto Sasamura

広島工業大学　環境学部　建築デザイン学科
前田圭介研究室

Planning / making	5ヶ月／3週間
Next	近畿大学大学院前田・土井研究室
Inspiration	都市調査
Favorite architecture	アトリエ・ビスクドール
Software	Photoshop

福山文化遺構

時間を無くしてしまう現代へ向けて

小さな模倣都市
── 失われゆく都市の空間的豊かさの保存

敷地：広島県広島市中区　用途：複合施設　面積：7,200㎡　構造：―　階層：GL ± 0 ～ GL+42,000

都市に対する人々の意識の希薄化、明るく綺麗に整備される都市の寂しい再開発。これらの事象が重なる現代において、未来の人々は現在の都市が持つ空間的な豊かさを覚えていられるのだろうか。

この 2022 年の広島の都市を模倣し、ミニチュア化をした小さな模倣都市は時の経過とともに周辺の都市の変化から取り残されていく。その現代から未来に向けての価値の変化が身の回りにあたりまえに存在していた都市の豊かさに再び脚光を与える。

曽根 大矢
Hiroya Sone

広島工業大学　環境学部　建築デザイン学科
前田圭介研究室

Planning / making	6 ヶ月／ 4 週間
Next	近畿大学大学院
Inspiration	―
Favorite architecture	六甲枝垂れ
Software	Photoshop、Illustrator、Archicad

scene1　冷たさを感じるオフィス街

scene2　人間味を感じる自由な路地

scene3　冷たさと暖かさ入り混じる癒しの場

朱路が刻む記憶
──黒谷における手仕事と風景の再考

敷地：京都府綾部市黒谷　用途：工場　面積：1,080㎡　構造：木造、S造　階層：3階

手仕事と風景の危機感から、今一度考え直す。京都に位置する和紙のまち・黒谷は昔から紙づくりがまちの風景をつくってきたが、現代では失われつつある。本提案では既存の工場に一部見られるレールに注目し産業のネットワークや風景の記憶を刻んでいく。魅力的な道具や空間を持つ共同作業場に新たな産業を加え、道具・場・技術を共有する手仕事のシェアオフィスを計画し、まちに見られるエレメントを拾いながら朱いレールがまちのシンボルとして展開する。

木嶋 真子
Mako Kijima

法政大学　デザイン工学部　建築学科
赤松佳珠子研究室

Planning / making	7ヶ月／4週間
Next	法政大学大学院赤松佳珠子研究室
Inspiration	既存工場のレール
Favorite architecture	Gehry Residence
Software	Rhinoceros、Photoshop、Illustrator、AutoCAD

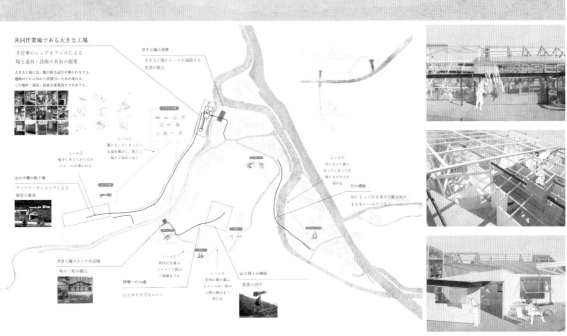

PARK ＋ ing
——電気自動車を見据えた可動族のための近未来都市

敷地：お台場　用途：駐車場　面積：8,000㎡　構造：SRC造　階層：8階

これは駐車場という都市の大きなヴォイド空間が新たに人々の生活の場へと変化していく物語である。
世の中が電気自動車化し、急速に進化し変化していく暮らし方や働き方はこの先どうなるのだろうか。
この提案はこの先の未来に対し、私が期待する近未来都市の提案である。人間主体で考えられてきたこれまでの建築。今後建築内に車が入り込み、人と車が共存するために建築の形そのものが大きく変化すると考える。本提案はその変化も踏まえ設計を試みた。

児玉 征士
Seiji Kodama

法政大学　デザイン工学部　建築学科
小堀哲夫研究室

Planning / making	1ヶ月／3週間
Next	法政大学大学院小堀哲夫研究室
Inspiration	Woven City
Favorite architecture	太田市美術館・図書館
Software	Rhinoceros、AutoCAD、Illustrator、Photoshop

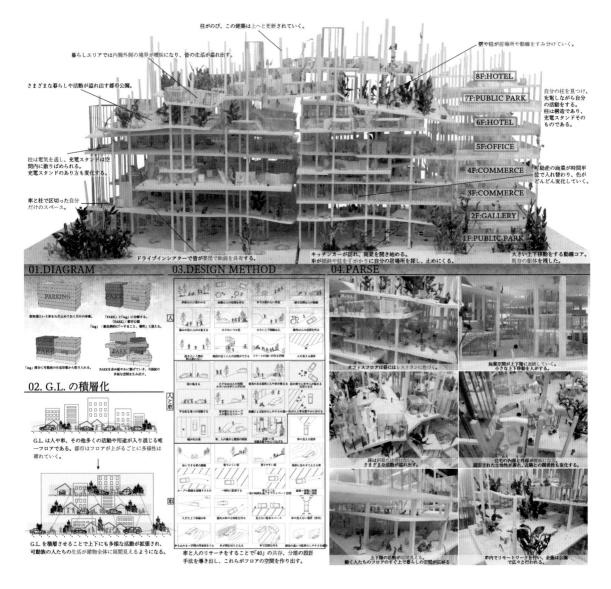

柱がのび、この建築は上へと更新されていく。

壁や柱が居場所や動線をすみ分けていく。

暮らしエリアでは内側外側の境界が曖昧になり、皆の生活が溢れ出す。

さまざまな暮らしや活動が溢れ出す都市公園。

自分の柱を見つけ、充電しながら自分の活動をする。柱は構造であり、充電スタンドそのものである。

柱は電気を通し、充電スタンドは空間内に散りばめられる。充電スタンドのあり方も変化する。

不動産の商業が時間単位で入れ替わり、色がどんどん変化していく。

車と柱で区切った自分だけのスペース。

大きい上下移動をする動線コア。既存の躯体を残した。

ドライブインシアターで皆が集団で映画を共有する。

キッチンカーが訪れ、商業を開き始める。車が積載物や柱を手がかりに自分の居場所を探し、止めにくる。

8F:HOTEL
7F:PUBLIC PARK
6F:HOTEL
5F:OFFICE
4F:COMMERCE
3F:COMMERCE
2F:GALLERY
1F:PUBLIC PARK

01.DIAGRAM

PARKING
PARK ing
PARK ing
PARK ing

駐車場という車をただ止めておくだけの車庫。
「PARK」と「ing」に分解する。「PARK」：都市公園　「ing」：動き続ける「〜すること」、場所」と捉える。

「ing」部分に可動族の生活が溢れ散り込まれる。

PARKを包み柔らかくしていき、可動的な空間を生み出す。

02. G.L. の積層化

G.L. は人や車、その他多くの活動や用途が入り混じる唯一フロアである。都市はフロアが上がるごとに多様性は薄れていく。

G.L.を積層させることで上下にも多様な活動が拡張され、可動族の人たちの生活が建物全体に垣間見えるようになる。

03.DESIGN METHOD

車と人のリサーチをすることで「40」の共存、分離の設計手法を導き出し、これらがフロアの空間を作り出す。

04.PARSE

オフィスフロアは昼にはレストランに色づく。

商業空間が上下階に連続していく。小さな上下移動を人がする。

床は斜面だけではないさまざまな活動が溢れ出す。

住宅の内部と外部が曖昧になる。固定された土地性が薄れ、近隣との関係性も変化する。

上下階の活動が垣間見える。働く人たちのフロアのすぐ上で暮らしの空間が広がる。

車内でリモートワークを行い、会議は公園で広々と行われる。

舟流都市
──外濠から考える水と都市の向き合い方

敷地：飯田橋駅近く　用途：博物館　面積：14,000㎡　構造：木造　階層：一部3階

外濠が綺麗になった未来のあるべき姿を提案する。本提
案は江戸城外濠の河川部を舟で巡り、都市景観を作品と
見立てた博物館を、電車から船へのアクセスを考え飯田
濠、常磐橋、和泉橋の3ヶ所に設計した。四ツ谷から飯
田橋までだった外濠の都市景観が隅田川まで連続し、外
濠に水と人の循環が再構築される。外濠に舟が流れて、
都市景観の表裏が反転して立ち現れる、都市河川の未来
の姿を提示することで、水都東京の再編の糸口を探る。

鈴木 真
Shin Suzuki

法政大学　デザイン工学部　建築学科
小堀哲夫研究室

Planning / making　　2ヶ月／4週間
Next　　　　　　　　東京工業大学大学院安田幸一研究室
Inspiration　　　　　浅草橋付近の舟宿
Favorite architecture　豊島美術館
Software　　　　　　Rhino7、Illustrator、Photoshop、InDesign

灰白のレシピ
——雪国住宅における機能的風除室からの脱却

敷地：青森県青森市　用途：住宅（新築）　面積：14,000㎡　構造：木造　階層：2～3階

雪国住宅の玄関アプローチに防風のために設置される規格的な風除室を機能面以外の視点から見つめ直し、風除室が雪国文化となってゆく未来を考える。観察を通して見えてきたバッファー空間としての価値を手がかりに、風除室を住宅設計に組み込む。過ごす空間にまで昇華させた風除室は人と人をつなげ、まちじゅうにその手を伸ばすことでより人と自然、住まいとまちが呼応しあう新しい雪国の街並みをつくり出していく。

福士 若葉
Wakaba Fukushi

法政大学　デザイン工学部　建築学科
赤松佳珠子研究室

Planning / making	5ヶ月／3週間
Next	法政大学大学院赤松佳珠子研究室
Inspiration	地元青森での記憶
Favorite architecture	前川國男邸
Software	Illustrator、Photoshop、InDesign、AutoCAD

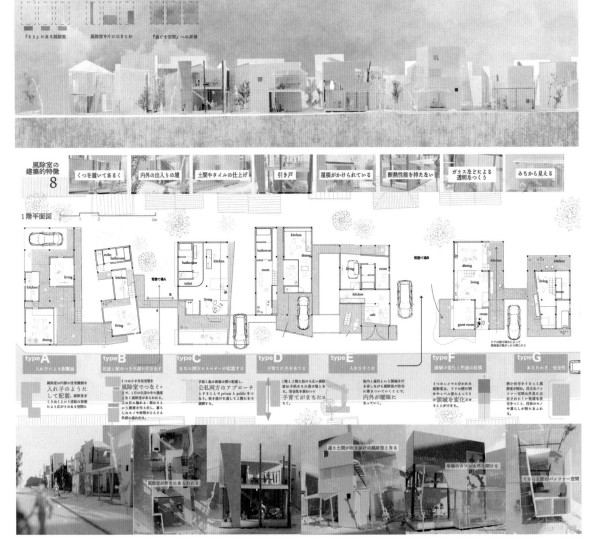

原初的創成根

——大都市に生む農風景・対立性の共存

敷地：渋谷区神南　用途：複合施設（住居・小規模店舗）　面積：4,600㎡　構造：混構造（RC造・木造）　階層：10階

現在の都市は人をも排除してしまい居場所が少ない。そこで、自然を許容することのできる立体農園を都市に差し込み、人を許容する場を取り戻す。この建築は立体農園となる躯体に人々が住み着き成長していく。本来の自然のように循環し、機能や形態を変えながら膨張や収縮を繰り返すことで永続性を獲得する。そして、都市に根付くように変わらない居場所を人々に与え、渋谷という変化が多様な都市の活動を受け止め、見守り続ける。

福原 直也
Naoya Fukuhara

法政大学　デザイン工学部　建築学科
小堀哲夫研究室

Planning / making	1ヶ月／2週間
Next	法政大学大学院小堀哲夫研究室
Inspiration	懸崖造り
Favorite architecture	アルド・ロッシ
Software	Rhinoceros、AutoCad、Illustrator、Photoshop

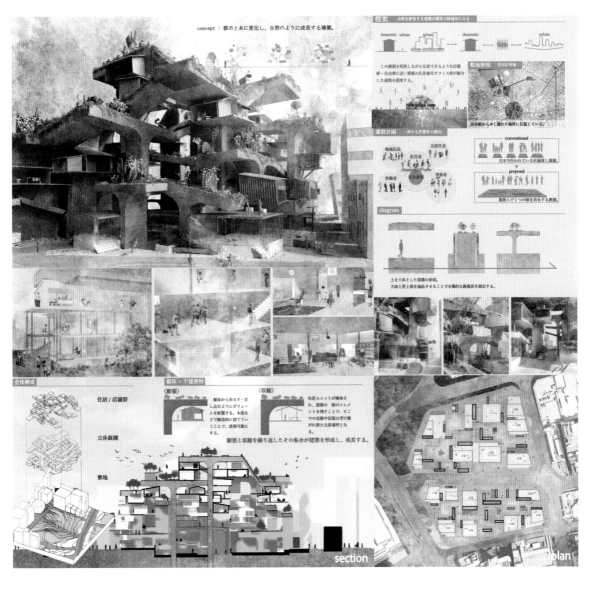

アーケードのある暮らし

敷地：兵庫県神戸市三宮駅北東エリア（通称二宮地区）　用途：住宅　面積：2,900㎡　構造：S造　階層：3階

昔ながらのアーケード商店街にはかつて人と人、人と街をつなげる力があった。現代の都市開発はそういったヒューマンスケールな空間を全て取り壊し、人を孤立させ地域コミュニティを希薄化させる。従来であれば取り壊されるアーケードをあえて残しながら、老朽化の進む建物を段階的に解体し、住宅を段階的に挿入していくことで、アーケード商店街は人と人、人と街をつなげるアーケード住宅街へと新陳代謝していく。

小澤 大祐
Daisuke Ozawa

北海道大学　工学部　環境社会工学科
建築計画学研究室

Planning / making	4ヶ月／1ヶ月
Next	北海道大学大学院建築計画学研究室
Inspiration	知らない街を散歩する
Favorite architecture	BONUS TRACK
Software	ArchIcad、Illustrator、Photoshop

1 対象敷地 ― 兵庫県神戸市三宮駅北東エリア（通称二宮地区）

2 アーケード商店街からアーケード住宅街への新陳代謝

3 アーケード内部
パブリック（歩道）とプライベート（住宅部）の関係性を中間領域のフロアレベルによって自由に設定

4 アーケードの裏側
中間領域の上部はバルコニーとなり、アーケードの裏側が住民のセミパブリック空間として活用される

5 中間領域のレベル操作

6 隣接住戸とのレベル差の活用

7 間仕切りとしてのシャッター活用

隣接する住宅とのフロアレベル差に応じて、バルコニーを共有したり、動線として繋がったり、視線が抜けたりと、様々なアクティビティが隣人同士の関係性を生む

連情の景
──合律的設計手法の探求

敷地：札幌市山鼻地区　①用途：複合施設（ランドリー×図書館×集合住宅）　面積：600㎡　構造：SRC 造　階層：3〜4 階
　　　　　　　　　　　②用途：複合施設（キッチン×農業×雪室）　面積：300㎡　構造：S 造　階層：3 階
　　　　　　　　　　　③用途：複合施設（廃材所×工房×研究施設×ギャラリー）　面積：300㎡　構造：木造　階層：3 階

連歌は主体を入れ替えることで、多様な文化、風土、感情、気候を連ね、一つの世界観を立ち表していく文学・文芸である。主体の相互作用を楽しむ連歌の手法に着目することで、多様な主体を空間形成に関与させ、全体としてまとまった一つの建築・都市の在り様を探求する。連歌を用いた空間では、あらゆる主体の感情に伴い変容する、柔軟な身体化した空間となり、流動的な行為・物の連鎖がその土地の固有の風土・文化を書き出していく。

小野 誠治
Seiji Ono

北海道大学　工学部　環境社会工学科
建築デザイン学研究室

Planning / making	4 ヶ月／ 3 週間
Next	横浜国立大学大学院 Y-GSA
Inspiration	珈琲、詩、邦楽、お笑い、散歩
Favorite architecture	ガウディ、西沢立衛
Software	Rhino、Photoshop、Illustrator

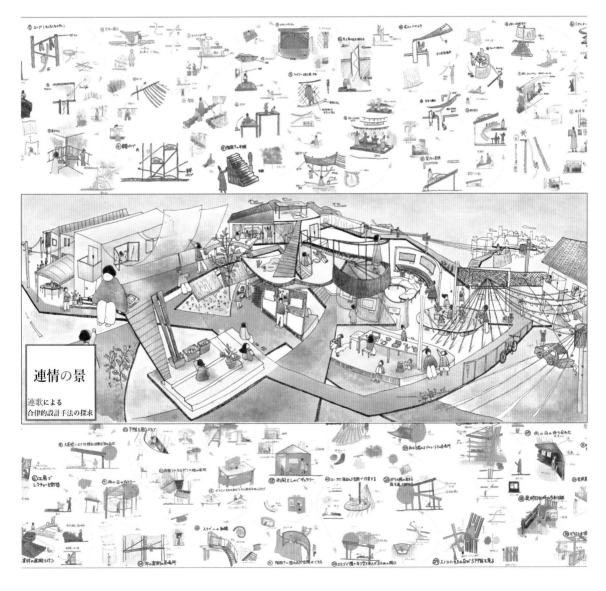

連情の景

連歌による
合律的設計手法の探求

杣人の棲まうキサナドゥー
──木材流通施設による現代的理想郷の再考

敷地：六甲山　用途：木材流通施設　面積：—　構造：木造　階層：—

敷地の六甲山は、木材流通経路がなく採算が取れないという理由から間伐がされず、山が荒廃している。これを杣人（そまびと）のような機能を持つ建築によって解決し、さらにウッドショックへの問題提起を為す。

鉄道によって木材を流通させるため、駅に製材所を併設。そこに、宿泊施設や工房などで副次的な利益を生み、山を管理する。

また、この地の歴史を風化させぬように、禿山時代の形態を造形原理に用い、そこに集落の概念を埋め込んでいく。

松井 和紡
Natsu Matsui

三重大学　工学部　建築学科
富岡義人研究室

Planning / making	5ヶ月／2ヶ月
Next	京都工芸繊維大学大学院角田暁治研究室
Inspiration	集落
Favorite architecture	Smiljan Radic、Peter Zumthor
Software	macOS Monterey、Archicad、Twinmotion、Illustrator、Photoshop

木材流通の構想

造形の原理

概念の導入

立面図

地形

機能と造形

デザイン概念

要素と全体

建築の提案

体験工房

体験工房は、木材が多く集まる加工工場の下階に位置する。そのため、加工前の木材から製材や端材まで、様々な状態の木材を使用して造形活動に勤しむことができる。

祭殿

祭殿は、杣人がかつて行っていた山口祭を行う場所である。山口祭とは、伐木などの山林資源採取に際して、山の神を祀り、行動の安全と立ち入りの許可を祈願する祭りである。

宿泊施設

宿泊施設は、観光客や林業従事者が滞在することを可能にする。さらに、工房で製作した芸術作品などの木工作品のギャラリーや炭火焼きのレストランなどが併設されて、物販店では、木に関するあらゆるものを購入することができる。

製材所

木材加工場では、トロッコで運び込まれた丸太を製材にする。

機械乾燥小屋

機械乾燥は、燻煙式乾燥を採用しており、製材時に出る端材などを燃やしてできる燻煙を室内に送って乾燥する。

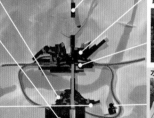

駅

伐木してきた木材を神戸電鉄線を用いて、駅に搬入する。その後、円環状にキサナドゥー内を走っている線路に沿って、木材を運搬する。

水中乾燥塔

水中乾燥塔とは、トロッコで運んできた木材を水中乾燥するために、貯水池まで降ろす機構である。

わたし建築
——夢分析による新たな自邸設計手法の提案

敷地：— 用途：住宅 面積：— 構造：— 階層：—

幼少期の頃から、目が覚めると毎日のように夢を覚えている。家に帰るのと似た感覚で、私は眠ると夢に戻る。夢は、私にとってもう一つのホームである。
心境や体験が如実に表れる夢の空間は、起きている私より純粋で正直だ。自らを被験者として夢分析を行い、潜在的な関心の源泉を見つけ、自邸を設計する。夢から抽出された「追求」「逃避」「休息」という特性から"3軒でひとつの自邸"を設計した。——この建築は、内在するわたしを認め、わたしを前進させた。

黒田 千恵
Chie Kuroda

武蔵野大学 工学部 建築デザイン学科
水谷俊博研究室

Planning / making	7ヶ月／1ヶ月
Next	就職（戸建て設計）
Inspiration	夢
Favorite architecture	ボルドーの家
Software	Revit、3dsMax、AutoCad、Illustrator、Photoshop

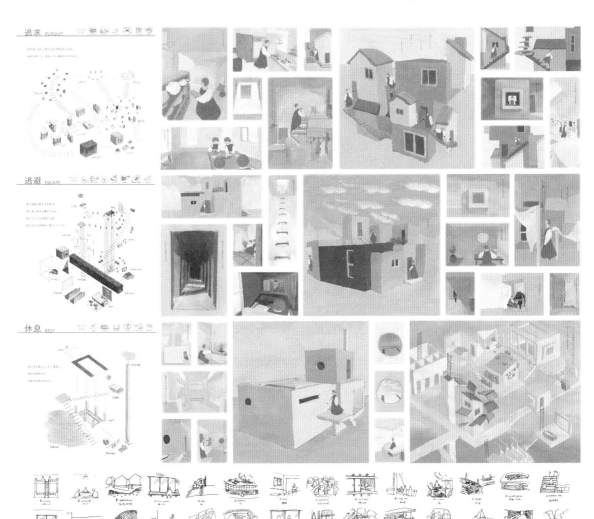

転写と分化
——均質化が進行する地域における場所性を生み出す公共住宅

敷地：山梨県北杜市須玉町　用途：公営住宅、公民館　面積：1,000㎡　構造：SRC造　階層：1〜4階

知らない風景が生まれる。一方それは、どこかで見たことがある風景でもある。

少子高齢化に加え、公共施設のコスト削減により地域住人にとって場所性を構築する中心であった建物が、公営住宅（子育て支援住宅や定住支援住宅）に建て替えられ、全く関係がない均質的な風景になってしまう現状に対して、地域住人が使用してきた認知図式を用いて設計を行うことで、場所性を残しながら新規住人を取り入れる公共住宅を提案する。

内藤 雅貴

Masaki Naito

武蔵野大学　工学部　建築デザイン学科
伊藤泰彦研究室

Planning / making	5ヶ月／4週間
Next	信州大学大学院寺内美紀子研究室
Inspiration	場所の現象学
Favorite architecture	Kunsthal
Software	Illustrator、Photoshop、3ds Max

しあわせ運べるように
——日本列島における新しい病院船のあり方

敷地：日本領海　用途：病院船　面積：8,100㎡　構造：S造、木造　階層：6階

27年前、神戸は阪神淡路大震災に伴う医療崩壊により「未治療死」が相次いだ。それから25年経ち世界中では新型ウイルスが医療崩壊をもたらした。これにより日本では自然災害と重なってより甚大な医療崩壊が起こる危険性が顕在化しただろう。

そこで、2020年で復興が完了し二度目の再開発が進む復興都市神戸の造船所に、日本列島全体を海からカバーしつつ式年遷宮のように新陳代謝を続ける新しい病院船の在り方を提案する。

古川 隼也
Junya Furukawa

武蔵野美術大学　造形学部　建築学科
持田正憲研究室

Planning / making	5ヶ月／1ヶ月
Next	株式会社パーク・コーポレーション parkERs
Inspiration	阪神淡路大震災
Favorite architecture	ヨドコウ迎賓館
Software	SketchUp、Illustrator、Photoshop、Lumion

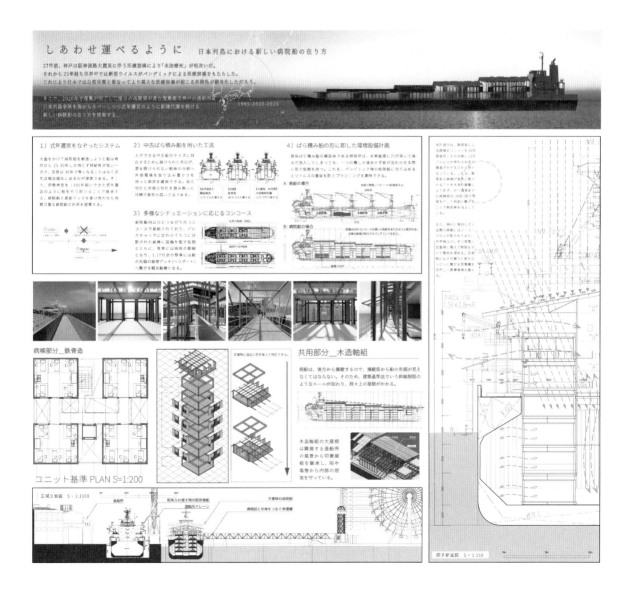

建築の生存本能

生息地域：日本　形態：生物　体長：約20m　骨格：木造　内部層：2層

現代の人間中心的設計手法は、気密性・断熱性が高まる反面、建築内部の湿気は溜まりやすく、木材は腐朽しやすくなっている。このように人間中心設計は、建築物に過度な負荷をかけ、最終的にはヒトの暮らす空間をむしろ狭めているのではないだろうか。

19世紀初頭、建築物が自ら外部環境に応答して動く、まるで生物のような建築物が生みだされた世界を描くことで、現代の建築に新たな可能性を提示する。

須佐 基輝
Motoki Susa

明治大学　理工学部　建築学科
構法計画研究室

Planning / making	1年／1ヶ月
Next	明治大学大学院構法計画研究室
Inspiration	生物、ハウルの動く城、Strandbeest
Favorite architecture	L'Arbre Blanc
Software	Illustrator、Photoshop、手描き

新富嶽三十六景
──過去と現代を媒介する点在型美術館

敷地：富嶽三十六景の描かれた 36 の場所　用途：点在型美術館　面積：多様　構造：多様　階層：多様

富士山は日本の象徴である。富嶽三十六景は、日本各地に存在する 36 の場所で富士山が描かれることから、富士山をベンチマークとして各地が統合されるという、日本の思想が富士山を用いて描かれた絵であると解釈した。その解釈を前提に富嶽三十六景を点在型美術館として再構築し、現代の富士山像における新富嶽三十六景を提示する。

水越 永貴
Eiki Mizukoshi
明治大学　理工学部　建築学科
構法計画研究室

Planning / making	1 年／ 1 ヶ月
Next	明治大学大学院構法計画研究室
Inspiration	物質試行（鈴木了二）
Favorite architecture	ボルドーの家、太田市美術館・図書館
Software	Illustrator、Photoshop、Rhinoceros、Twinmotion

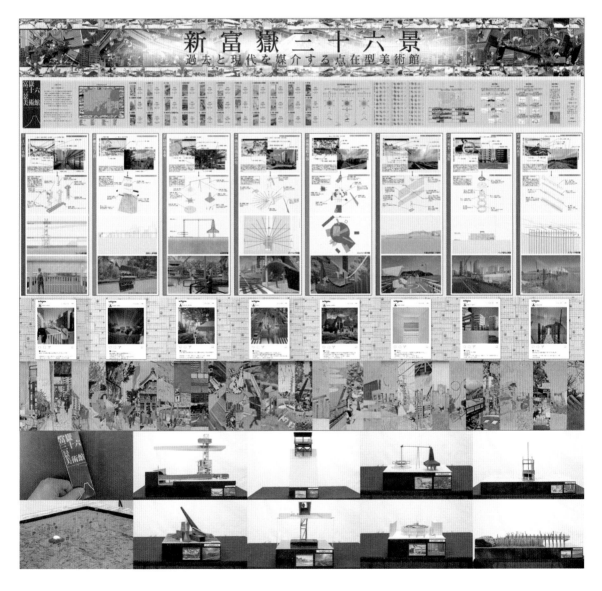

都市の水たまりを止揚する
——雨水貯留槽への接近

敷地：渋谷駅東口地下広場の地上部分と地下部分　用途：商業建築　面積：14,000㎡　構造：SRC 造　階層：3 階

今後増え続けていくであろう災害対策施設を、人々の意識から除外している現在の社会的あり方を問う。目的として、都市の雨水貯留槽の大きな空白に人が入るべきと考える状況と、雨水貯留槽が人を遮断してしまっている状況の矛盾を止揚する。敷地は渋谷駅東口地下広場の地下部分と地上部分となる。この敷地内に汚水も溜まる雨水貯留槽が存在する。この雨水貯留槽が心臓となり、下水処理施設の挿入により渋谷川へとつながる。

柳井 智博
Tomohiro Yanagii
明治大学　理工学部　建築学科
大河内学研究室

Planning / making	5 ヶ月／ 4 週間
Next	明治大学大学院大河内学研究室
Inspiration	地球第三の森
Favorite architecture	サンティアゴ・カラトラバ
Software	Rhinoceros、Illustrator、Photoshop

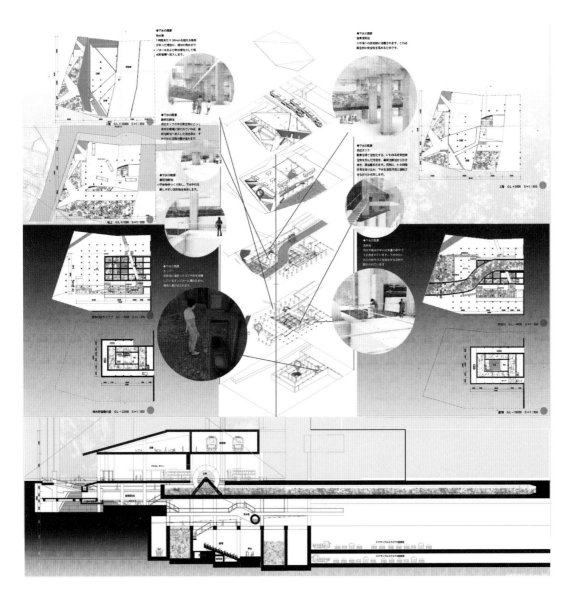

よろづのものに使ひけり
――竹を通して繋がりを再構築する

敷地：山口県萩市萩地域周辺　用途：公共施設　面積：1,800㎡　構造：RC造　階層：1階

現代では建築材料を単なるパーツとして捉え機能的に消費しているが、建築を構成する材料を見直すことで、建築さらに人や社会の本質を見つめ直すことができると考える。そこで本計画では竹を媒介とし、自然を基盤に形成された城下町である山口県萩市での暮らしの技や精神性を継承するシステムを提案する。現在離散化している都市、人々のつながりを再構築するきっかけをつくる。里山公園に竹のアトリエ、中心市街地の商店街のアーケードを設計した。

有村 美千路／佐藤 瑠美／増田 悠輝
Michiru Arimura / Rumi Sato / Yuki Masuda

早稲田大学　創造理工学部　建築学科
山田宮土理研究室／有賀隆研究室／吉中進研究室

Planning / making	2ヶ月／2週間
Next	早稲田大学大学院
Inspiration	ポンピドゥー・センター・メス
Favorite architecture	国立代々木競技場
Software	AutoCad、Rhino、Illustrator、Photoshop

計画1：山の麓の竹アトリエ

公園と一体となった建築計画

構造・工法・伝統工芸から生まれるデザイン

萩を循環する竹

計画2：アトリエから市街地へ

適度な更新が可能

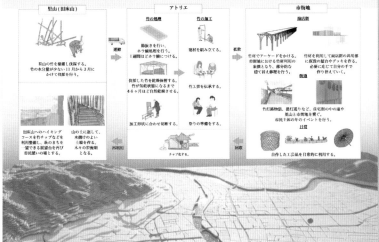

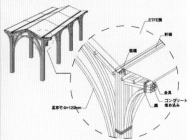

知の誘惑
—— attracted by sapience

敷地：神田神保町　用途：生涯学習施設　面積：4,000㎡　構造：SRC 造　階層：8 階

どういう知にどれだけ気付けて享受できるかが、人間の喜びである。本計画は、社会空間における、知の気付き方の提示である。私たちは内容やメディアで「情報」を分類しているが、知の気付き方は、「情報の現れ方」によって異なる。そこで、「情報の現れ方」を分類し、それぞれ異なる「情報の現れ方」に対して、どう向き合っていくのか、を体の位置や動作を規定する「什器」を用いて設計し、知へのアプローチの道標とする。

加藤 彩那／端山 武志／森田 彩香
Ayana Kato / Takeshi Hayama / Ayaka Morita

早稲田大学　創造理工部 建築学科
渡邊大志研究室／早部安弘研究室／後藤春彦研究室

Planning / making	2 ヶ月／1 ヶ月
Next	早稲田大学大学院
Inspiration	夢の中、お風呂
Favorite architecture	東京駅、自分の家
Software	Rhinoceros、Illustrator、Photoshop,,,,,

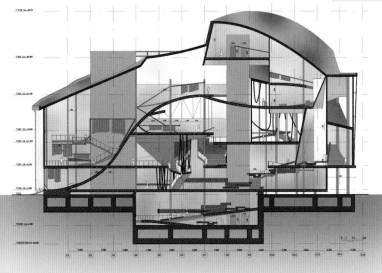

【什器による空間構成原理】

垂直板　同方向性に延びる壁

水平板　異方向に延びる壁／異方向に伸びるスラブ

斜め板

手すり　全方向に拡張

カーテンレール　鉛直下方向に拡張

ケーブル　鉛直上方向に拡張

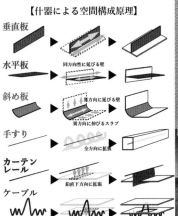

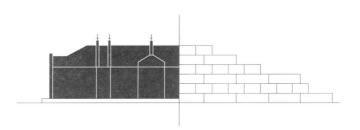

AZUSA SEKKEI

Since **1946**   **684** employees

No.1 in the field of
Sports & Airport facilities in japan

建築に、
温度を。

街に思いを巡らせたか。人と暮らしを考え抜いたか。
社会の未来を想像したか。常識を乗り越えたか。
建築は、人と社会と生きていくから。
企画に、ロマンを。設計に、提案を。
実施に、実直さを。監理に、徹底を。
今日も、この世にたったひとつしかないデザインを実現する。
つくり手の温度を伝えながら。

太田市民会館《第60回BCS賞受賞》

太田いずみ幼稚園SECOND

東京都中央卸売市場豊洲市場　管理施設棟

街に活気を　人に笑顔を

有明テニスの森公園

中野警察署

太田市外三町広域清掃組合クリーンプラザ

For the future For the environment

関東建設工業株式会社

KANTO CONSTRUCTION INDUSTRY CO., LTD.

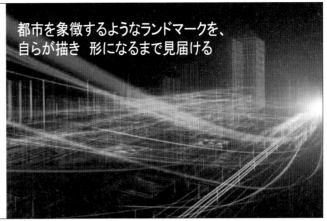

赤れんが卒業設計展2022実行委員会

統括幹部

代表
中島弘樹　　東京都市大学

代表補佐・
審査班(動画)兼任
喜井雅治　　東京都市大学

副代表
重松希等璃　東京都市大学

山村しほり　工学院大学

副代表補佐・
デザイン班兼任
来住春奈　　日本女子大学

会計
上野辰太朗　東京都市大学
岡崎万季

統括補佐・
デザイン班兼任
大隈菜々美　東京都市大学

統括補佐・
審査班(動画)兼任
奥島千晶　　東京都市大学

審査班(動画)

代表
向原大貴　　東京都市大学

副代表
玉地沙季　　東京都立大学

書記
中村麻亜耶　東京都市大学

山本拓二　　大阪工業大学

浦田真優　　共立女子大学
友部玲衣

中田雅人　　芝浦工業大学

秋葉桜子　　東京都市大学
石川奈津実
和田親
名取皓
嶋田舞
森部雄仁
荻原千恵子

宮下恵里花　東京都立大学

石黒敬太　　日本大学
松井良太

松澤きらら　日本女子大学

渉外班

代表
吉田理恵　　東京都市大学

副代表
藤井隼　　　早稲田大学

書記
梅澤秀太　　日本大学

柏木怜美　　共立女子大学

樋渡なつ　　工学院大学
阿部泰征

二渡杏　　　芝浦工業大学
松浦大成

菅野俊暢　　東京工業大学

西村和也　　東京都市大学
山本時生
宮地愛美
森屋美海
深澤一弘
吉田周永

柴崎海奈　　日本大学

安達飛鳥　　武蔵野美術大学

金井陽奈子　早稲田大学

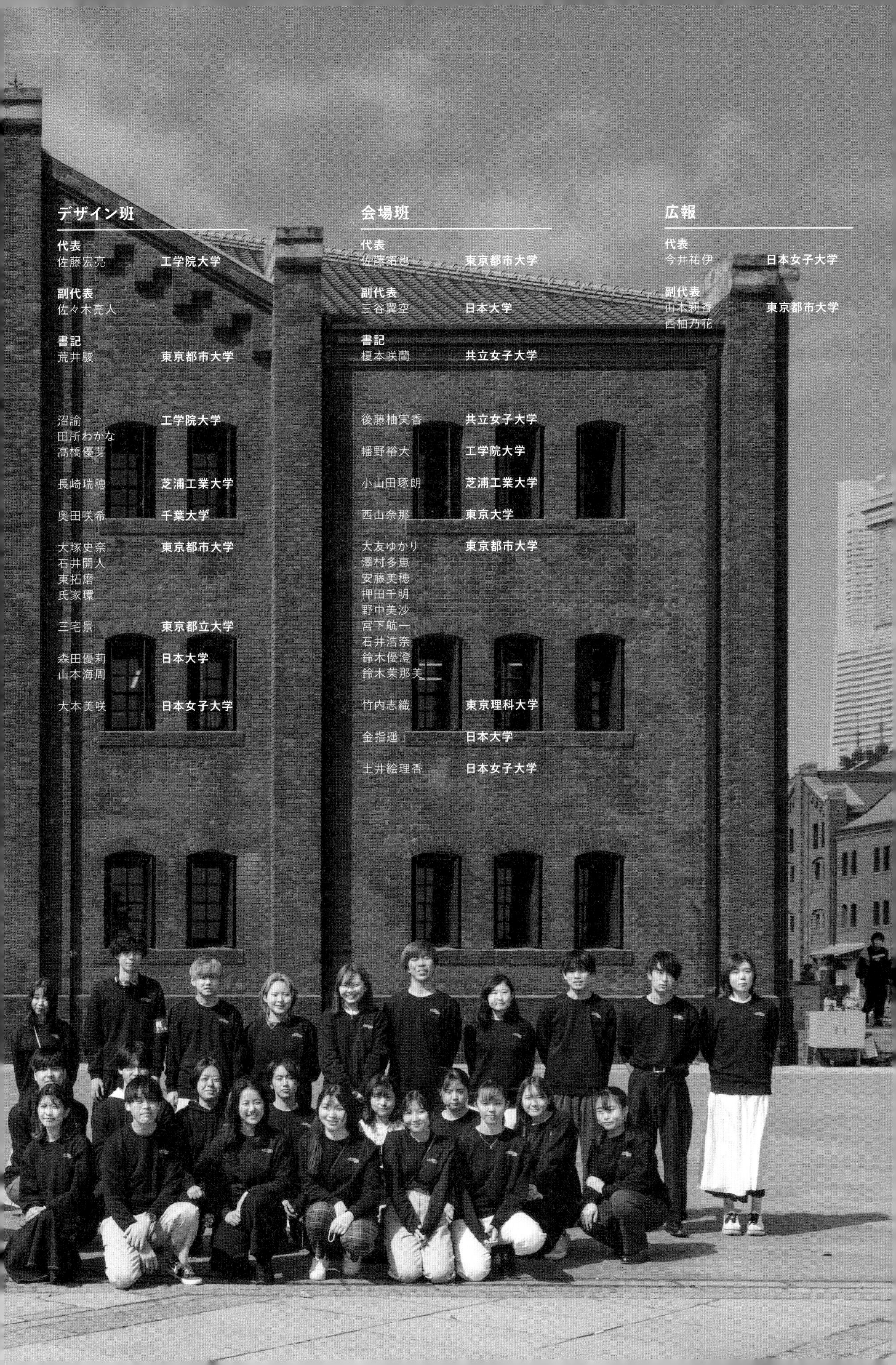

デザイン班

代表
佐藤宏亮 **工学院大学**

副代表
佐々木亮人

書記
荒井駿 **東京都市大学**

沼諭一 **工学院大学**
田所わかな
高橋優芽

長崎瑞穂 **芝浦工業大学**

奥田咲希 **千葉大学**

大塚史奈 **東京都市大学**
石井開人
東拓磨
氏家環

三宅景 **東京都立大学**

森田優莉 **日本大学**
山本海周

大本美咲 **日本女子大学**

会場班

代表
佐藤拓也 **東京都市大学**

副代表
三谷翼空 **日本大学**

書記
榎本咲蘭 **共立女子大学**

後藤柚実香 **共立女子大学**

幡野裕大 **工学院大学**

小山田琢朗 **芝浦工業大学**

西山奈那 **東京大学**

大友ゆかり **東京都市大学**
澤村多恵
安藤美穂
押田千明
野中美沙
宮下航一
石井浩奈
鈴木優澄
鈴木茉那美

竹内志織 **東京理科大学**

金指通 **日本大学**

土井絵理香 **日本女子大学**

広報

代表
今井祐伊 **日本女子大学**

副代表
山本莉香 **東京都市大学**
西柚乃花

編集後記

　この度は、「赤れんが卒業設計展2022」の作品集を手に取っていただき、誠にありがとうございます。

　今年も非常に多くの方々のご協力により、赤れんが卒業設計展の開催に至ることができました。多大なご理解とご協力をくださいました協賛企業の皆様、そして、お忙しいなかご臨席を賜りました審査員の先生方など、多くの関係者の方々に心より感謝申し上げます。誠にありがとうございました。

　また、本作品集の出版を無償で引き受けていただき、制作にあたりあらゆる面でお世話になりました総合資格学院様、編集・カメラマンの皆様、そして、作品紹介ページを作成いただきました出展者の皆様、特別企画の取材にご協力いただきました方々に改めて感謝申し上げます。

　本作品集では当展の記録として、10選と101選に選出された出展者の作品の紹介・設計展当日の審査会の様子・特別企画をまとめています。出展者の方々にレイアウトをしていただいた作品紹介のページは、卒業設計に込めた思いを紙面に表現していただきました。

　また、特別企画では、毎年さまざまな内容を掲載していますが、本年度は「卒業設計をもっと知る」と題して、審査員の先生や出展者の方々の中から複数の方にご協力いただき、お話を伺いました。出展者の方からは卒業設計の建築に込めた思いとともに、卒業設計に対する考えや表現の仕方など、審査員の先生からは学生時代のお話や、建築活動に取り組む際に意識すること、さらには学生など建築活動に取り組む方へのお言葉などをお話しいただきました。取材後の編集を進めていくなかでも、掲載写真や紙面のレイアウト、説明の言葉までこだわりを持って作成にご協力いただき、建築や卒業設計に込めた強い思いをより実感しました。本企画を読んだ建築を学ぶ方々のこれからの建築活動の一助となるような企画紙面となっています。

　最後に、本作品集制作にあたって、私たち自身の至らない点を多くの赤れんが卒業設計展メンバーやあらゆる身近な方々に助けられ、その度に多くのことを得ることができ、完成させることができました。作品集の完成を嬉しく思うと同時に、改めて皆様に感謝したいと思います。

　本作品集が読者の方々の実りある一冊となることを願っています。

赤れんが卒業設計展 実行委員会 デザイン班
代表 佐藤宏亮／副代表 佐々木亮人／書記 荒井駿

他の追随を許さない唯一無二の「講習システム」と「合格実績」

令和4年度 **1級建築士** 学科・設計製図試験

[令和4年度 学科＋設計製図]
全国ストレート合格者占有率 No.1

57.9%

他講習利用者＋独学者 / 当学院当年度受講生

全国ストレート合格者 **1,468名中** ／ 当学院当年度受講生 **850名**

令和4年度 1級建築士 設計製図試験 卒業学校別実績（合格者数上位10校）

右記学校卒業生
当学院占有率

58.1%

右記学校出身合格者 807名中／
当学院当年度受講生 469名

	学校名	卒業合格者数	当学院受講者数	当学院占有率		学校名	卒業合格者数	当学院受講者数	当学院占有率
1	日本大学	149	91	61.1%	6	工学院大学	63	48	76.2%
2	東京理科大学	123	67	54.5%	7	明治大学	60	34	56.7%
3	芝浦工業大学	96	62	64.6%	8	法政大学	56	33	58.9%
4	早稲田大学	79	36	45.6%	9	神戸大学	55	28	50.9%
5	近畿大学	74	46	62.2%	10	千葉大学	52	24	46.2%

※当学院のNo.1に関する表示は、公正取引委員会「No.1表示に関する実態調査報告書」に基づき掲載しております。 ※総合資格学院の合格実績には、模擬試験のみの受験生、教材購入者、無料の役務提供者、過去受講生は一切含まれておりません。 ※全国合格者数・全国ストレート合格者数・卒業学校別合格者数は、（公財）建築技術教育普及センター発表に基づきます。 ※学科・製図ストレート合格者とは、令和4年度1級建築士学科試験に合格し、令和4年度1級建築士設計製図試験にストレートで合格した方です。 ※卒業学校別実績について総合資格学院の合格者数には、「2級建築士」等を受験資格として申し込まれた方も含まれている可能性があります。〈令和4年12月26日現在〉

 総合資格学院

東京都新宿区
西新宿1-26-2
新宿野村ビル22階
TEL.03-3340-2810

スクールサイト
www.shikaku.co.jp 総合資格 検索

コーポレートサイト
www.sogoshikaku.co.jp

令和4年度
2級建築士 学科試験

当学院基準達成
当年度受講生
合格率 **95.0%**

全国合格率
42.8%に対して

8割出席・8割宿題提出・総合模擬試験正答率6割達成
当年度受講生498名中／合格者473名〈令和4年8月23日現在〉

令和4年度
1級建築施工管理技術検定 第一次検定

当学院基準達成
当年度受講生
合格率 **91.2%**

全国合格率
46.8%に対して

7割出席・7割宿題提出
当年度受講生328名中／合格者299名〈令和4年7月15日現在〉

   Twitter ⇒「@shikaku_sogo」
LINE ⇒「総合資格学院」
Facebook ⇒「総合資格 fb」で検索！

開講講座 │ 1級・2級 建築士／建築・土木・管工事施工管理／構造設計1級建築士／設備設計1級建築士／宅建士／インテリアコーディネーター／建築設備士／賃貸不動産経営管理士

法定講習 │ 一級・二級・木造建築士定期講習／管理建築士講習／第一種電気工事士定期講習／監理技術者講習／宅建登録講習／宅建登録実務講習

赤れんが卒業設計展2022

2023年3月20日　初版発行

編著　　　　赤れんが卒業設計展実行委員会

発行人　　　岸 和子

発行元　　　株式会社 総合資格　総合資格学院
　　　　　　〒163-0557　東京都新宿区西新宿1-26-2 新宿野村ビル22F
　　　　　　TEL 03-3340-6714（出版局）
　　　　　　株式会社 総合資格　　　　http://www.sogoshikaku.co.jp/
　　　　　　総合資格学院　　　　　　　https://www.shikaku.co.jp/
　　　　　　総合資格学院　出版サイト　https://www.shikaku-books.jp/

印刷　　　　セザックス 株式会社
編集　　　　赤れんが卒業設計展 実行委員会 デザイン班（佐藤宏亮、佐々木亮人、荒井駿）
編集協力　　株式会社 総合資格　出版局（金城夏水、藤谷有希）
デザイン　　There There（渡辺和音、宮垣朱音、本多美智子、藤原佐和子）
DTP　　　　株式会社 総合資格 出版局（小林昌）
写真　　　　吉山泰義